कला और क्या है सिवाय इस देह मन आत्मा के
बाकी समाज है
जिसको हम जानकर समझकर
बताते हैं औरों को, वे हमें बताते हैं।

रघुवीर सहाय

युवा ख़ुशबू और अन्य कविताएँ

वाणी प्रकाशन

4695, 21-ए, दरियागंज, नयी दिल्ली-110002

शाखा

अशोक राजपथ, पटना 800 004

फ़ोन : +91 11 23273167, फ़ैक्स : +91 11 23275710

www.vaniprakashan.in

vaniprakashan@gmail.com

YUVA KHUSHBOO AUR ANYA KAVITAYEN
by Doodhnath Singh

ISBN : 978-93-5000-241-4
Poems

प्रथम संस्करण

मूल्य ₹200/-

आवरण : प्रो. अजय जेतली

टाइप सेटिंग : ज़िया कम्प्यूटर्स, इलाहाबाद

आर.टेक ऑफसेट प्रिंटर्स द्वारा दिल्ली-110095 में मुद्रित

'लोगो' वाणी प्रकाशन : मक़बूल फ़िदा हुसेन

बतौर भूमिका

मैं उन मित्रों-शुभचिन्तकों का कृतज्ञ हूँ जिन्होंने इन कविताओं को बचा-रखा। उन सभी के भरोसे से चकित-संकुचित होता रहा हूँ। अपने को उलट-पुलट देखता हूँ। और फिर दुनिया को। बीते हुए, जाते हुए समय को।

युवा-ख़ुशबू' खण्ड की कविताएँ १९६७ से '८० के बीच की होंगी। कुछ बाद की भी हैं। उनमें कुछ कथा-तत्त्व प्रबल हैं। एक रंगारंग फ़िलॉसफ़ी। और जीने के हठ का संकेत। बाकी कविताएँ भीतर की चहल-पहल।

४० वर्षों के इस लम्बे दौर में हिन्दी कविता बहुत आगे-पीछे गयी है। कभी इतिहास और समाज का अनुवर्तन किया तो कभी उसे तहे-ताक़ रखा। उसमें मेरे कई बड़े और लाडले कवि पैदा हुए। वह सब-आप जानते हैं।

कविता बिम्बात्मक अलंकृति है। अन्दर को लौटती हुई भाषा का प्रकाश है। थोड़े अमूर्तन के बिना 'कविता' सम्भव नहीं। अभिधा में थोड़ी फैंटेसी ज़रूरी है। एक अनूठापन...। जो चलता है उससे बाहर-बाहर। यहाँ यही कोशिश है।

१३ जनवरी, २०१० **दूधनाथ सिंह**
इलाहाबाद

अनुक्रम

युवा ख़ुशबू

•

प्रेम पर बहस

•

उस बच्ची के लिए

•

नयी शताब्दी की शुरुआत पर

•

अपनी पत्नी निर्मल के लिए

युवा ख़ुशबू

युवा ख़ुशबू

उसने मेरी आँखों में छिपी वह गहरी दरार देख ली और अन्दर प्रवेश कर गई।
उस पर अविश्वास करने या चकित होने से अब कुछ नहीं होगा,
उसके लिए इस तरह थरथराते रहने से भी अब कुछ नहीं होगा।
उस ज़रा सी असावधानी ने देखो, यह क्या ग़ज़ब ढा दिया --
किस तरह उसने वह छिपी हुई जगह तलाश ली और चुपके से भीतर प्रवेश कर गई।

मैं चाहे लाख छटपटाऊँ अब ... नीली नसों के छिन्न-भिन्न जाल में
चाहे लाख असमर्थता जताऊँ, चाहे लाख अपनी गुदड़ी दिखाऊँ चाहे लाख
अपनी अपात्रता प्रमाणित करूँ ... चीखूँ, चिल्लाऊँ ... अब मैं
कहीं नहीं जा सकता, कुछ नहीं कर सकता।
अब मैं अपने पैबन्द को दिखा कर स्वयं को पुराना साबित नहीं कर सकता
अब मैं अपनी विपन्नता के कवच में सुरक्षित नहीं रह सकता
अब मैं अपनी पावनता को अप्रमाणित नहीं कर सकता
अब मैं चाहे लाख यत्न करूँ, मैं किसी तरह अपने को गँदला नहीं कर सकता।

उसके पास कितने आश्चर्य हैं देखो!
उसके स्पर्श में अन्दर ही अन्दर कैसी यह आग की लपक है देखो,
उसके आश्वस्त करने में कैसा यह गहन उत्ताप है, देखो।
रह-रह पसीने में हज़ार-हज़ार कल्ले-सी फूटती है वह
रह-रह के अन्दर से बाहर की ओर उफनती है - सुनहरी फेन की तरह
सारे वायुमंडल में खींच कर तान देती है मुझे, सुगन्धि के झीने वितान के समान
परिचित कराती है मिट्टी में लिथड़े इस कविता के सोने से, किरण-किरण घाव से
सभी कुछ नष्ट करती हुई ... सारे शब्दों को, त्वचा को, इन्द्रियों को
फोड़ती हुई ... फूटती है, फैलती है, लहकती है चारों ओर ...।
उस ज़रा-सी असावधानी ने देखो, यह क्या गज़ब ढा दिया
अब चाहे लाख छटपटाऊँ, अब चैन नहीं मिलने का

कुछ नहीं होने का .... सचमुच
अब कुछ नहीं होने का।
कितना ख़तरनाक हो गया है अब कहीं भी आना-जाना
कितना ख़तरनाक हो गया है अब हमवार और खुले हुए रस्तों पर चलना
घाव भरी सड़कों या बुझी हुई गलियों में आधी-आधी रात को भटकना
कितना ख़तरनाक हो गया है किसी मित्र का पुराना और परिचित द्वार खटखटाना
कितना ख़तरनाक हो गया है अब यात्राएँ करना या किसी रेस्त्राँ की जर्जर
भीड़ में चुपचाप घुस कर बैठना और हर क्षण दहशत से भरे-भरे रहना
चारों ओर एक खलबली-सी मच जाती है, जिसे वे प्रकट नहीं करते
और रोंगटे खड़ा किए एक चौकन्नापन और सहमी-सहमी मंत्रणाएँ
वे एकाएक हवा में नाक उठा कर कुछ सूँघने लगते हैं
वे अपना चेहरा पास ले आते हैं और आँखों में छिपी दरार में झाँकने लगते हैं।
वे कपड़ों की सरसराहट और
कोमलता में पसीजते हुए हाथों में कुछ-कुछ भाँपने लगते हैं
वे अपनी मूँछों के सफेद बाल रँग कर मेरी मूँछों में सफेद बाल ढूँढते हैं
वे मेरे शब्दों को तार-तार करते हैं : करते हैं
वे मेरे मौन में नसैनी लगाते हैं : लगाते हैं
परेशान होकर, झुँझलाकर अक्सर गोल बाँध बाहर निकल जाते हैं
नंगे हो स्वयं को नोचते-खसोटते ... चिल्लाते हैं ...

कहाँ से, कहाँ से आती है
यह युवा-ख़ुशबू, जो हमें झूठा और गँदला, अपाहिज और बदबूदार
बार-बार साबित कर देती है,
जो हमारे चारों ओर ख़तरे के नये-नये जंगल उगाती है
कहाँ से आती है, कहाँ से ... आख़िर यह कहाँ से आती है
और हमें खोखला, निरर्थक साबित कर जाती है बार-बार
हमारे फेफड़े आदी नहीं हैं
हमारे भयावह कीटाणु इसे सह नहीं सकते
अपने उद्देश्यों में वे सफल होंगे या नहीं
अब ... हम कह नहीं सकते ...।

कितना ख़तरनाक हो गया है अब इस तरह रहना – भविष्योन्मुख ... रहना और रहना
और उस युवा ख़ुशबू के ख़तरनाक जंगल उगाना, उगाना भीतर और बाहर।
और भीतर और बाहर तक छिन्न-भिन्न होना – बार-बार उसी को
टटोलना और आश्वस्त होना और
दहशत से भरे-भरे चारों ओर फटी-फटी आँखों से देखना
हरदम, हर क्षण केवल थरथराते रहना

उसके बिना जाने ही हर क्षण
उसका कृतज्ञ होते रहना – अन्ततः
और चुपचाप ... चुपचाप ... चुपचाप
मरना।

❑

हरहराता पेड़

इस तरह आशा करना कितना भयावह है!
जब कि भाषा के निबिड़ अँधेरे में हरहराता है
एक तूफ़ानी पेड़। और दिखता है
लाल-लाल लपटों से भरा एक मकान।
इस तरह आशा करना कितना भयावह है।

अक्सर उस लाल मकान की खिड़कियाँ खुल जाती हैं
और एक बहरा कर देने वाला शोर
और पुतलियों में धँस जाने वाला
एक अन्धड़ प्रकाश - बाहर निकल पड़ता है
इस तरह आशा करना कितना भयावह है!
जबकि बहुत-सी सच्चाइयाँ
सच्चाइयों की तरह नहीं दिखतीं
एक लपलपाते इस्पात की तरह
खिड़की से बाहर फेंक दी जाती हैं।

पता नहीं कौन वे - मकान के अन्दर पता नहीं
कौन वे फटाक-से खिड़कियाँ बन्द कर लेते हैं।
वे नहीं चाहते कि सड़क पर चलते साधारण-जन
अन्धे या बहरे हो जायँ।
वे सिर्फ़ एक लपलपाता इस्पात
खिड़की से बाहर फेंक देते हैं ...
उन्हें, उन्हीं की सच्चाइयों से परिचित कराने के लिए।

एक कवि का सबूत होना
किस क़दर भयावह है आज!
जबकि बहुत-सी सच्चाइओं का

बाहरी तौर पर कोई सबूत नहीं होता
वे एक लपलपाते इस्पात की तरह
खिड़की की राह
बाहर फेंक दी जाती हैं
और पूरे वायुमण्डल को चुपचाप
चीर देती हैं।

अक्सर मैं दिल में सुलगती
छोटी-सी मशाल लेकर
उस रक्तिम मकान तक गया हूँ
अक्सर मैं पस्त पड़ गया हूँ
अक्सर मेरा साहस जवाब देता हुआ
पीछे मुड़ने को कहता है।
अक्सर मुझे लगता है
इस पेड़ की हरहराहट से सिर्फ एक ऊँघता बनमानुस
नीचे चू पड़ेगा।
वह जो अन्दर हरहराता है
वह जो गूँज रहा है चारों ओर इस अँधेरे में
मैं उसे कभी भी देख नहीं पाऊँगा
मैं उसे कभी भी प्रमाणित नहीं कर पाऊँगा।

इस तरह अकेले-अकेले-अकेले
आशा करना कितना भयावह है!
जब कि दस्तकों पर अँधेरा दरवाज़ा खोलता है
जब कि इस खिड़की से सोये हुए चेहरों का
जंगल-कंकाल दीख पड़ता है।
जब कि भाषा के गहन अन्धकार में अभी भी
हरहराता है एक पेड़!
अपनी सम्पूर्ण युवा-ख़ुशबू के साथ
वह तूफ़ान चला आता है।

❑

जनमत के मौन अन्धकार में

उन्होंने तुम्हें ले जाकर खड़ा कर दिया
हड्डियों के विशाल ढूह के पास
और कहा – देखो, हम यहाँ हैं।
तुम फिर नहीं कह सके कि नहीं, आप यहाँ नहीं हैं।
क्या तुम पहचान सकते हो इन कंकालों में अपना कंकाल?
तुमने कहा – नहीं, इसकी ज़रूरत नहीं,
सामने की चौंधियाती सच्चाई को देखने के बाद।
सिर्फ़ देखो – हमारे भीतर से हरी-हरी घास उग रही है
तुम्हारे भीतर तक। अब तुम असम्भव नहीं कह सकते
जहाँ तुम खड़े हो।

इस डाँगर मौत के लिए कौन ज़िम्मेदार है!
गिद्धों और कौवों और कुत्तों-सियारों की
काली छाया दिन-ब-दिन घनी होती जा रही है
खंखड़ पसलियों पर कायर पंजे
और खुली चोचें झपट्टा मारती हैं
अब तुम लौट नहीं सकते इससे बाहर – यह तुमने कहा
अपना माथा झुकाकर।
उनके भीतर से हरी-हरी घास उग रही है
भविष्य की। अब तुम ध्वनि-रहित
शीशे के मकानों में बन्द नहीं कर सकते अपना-आप
जो दिल्ली में रातों-रात मुँह बाये पसर जाते हैं।

सिर्फ़ यह मैदान बच रहा है तुम्हारे लिए
जनमत के घने अँधेरे में
अब तुम्हें भुगतना ही पड़ेगा यह मैदान

अन्दाज़े-बयाँ अपनी कविता का।
अब तुम किसी को लांछित नहीं कर सकते
अपने तैयार किये नक्शे के लिए – जिसमें
नींद और जश्न और सुविधा का
कोई शहर कोई गाँव नहीं है
तुम्हारे लिए।

शक्ति। विचार। प्रेम। नैतिकता।
अफ़वाहें। चिन्तन चरित्रहीन –
तुम्हें शर्मशार नहीं होना है अब इस माहौल में।
हरी-हरी घास उग रही है हमारे भीतर से-
तुम्हारी कविताओं में
कुछ घोषणाएँ विक्षिप्त-सी बिड़ी पी रही हैं।
वही परायापन सड़क पार
अपना पैबन्द सिल रहा है चुपचाप।
निकट पागलपन के बचा है तुम्हारे पास
जनता का वही चमचमाता कंकाल जिसे तुमने
कभी पराया नहीं कहा।

कई-एक दोस्तों की मौत हो गयी है सही-सलामत।
बीवियों और बच्चों
और पूरे मकान और चिकनी दीवारों
और नये-नये यारों के साथ
किसी ज़िन्दा कैलेण्डर का न जाने कब से
इन्तज़ार कर रहे हैं लोग।
एक कवि आने वाली सारी पीढ़ियों को गालियाँ
निकालता है घोर-अभिजात।

संसद के चारों ओर नाच रहा है चकरघिन्नी की तरह
चढ़ी हुई घुमरी के बीच उसे

दिखाई दे रहा है सफल प्रजातंत्र।
रह-रह चिंचियाता है कवि और रह-रह चिंचियाते हैं
नये-नये यार।
तुमने झुँटैले बाल और उभरी पसलियाँ सहलाते हुए सोचा-
अब तुम्हें फ़र्क तो करना ही पड़ेगा-
अपने और उनके प्रजातंत्र में
अब तुम असम्भव नहीं कह सकते
जहाँ तुम खड़े हो।

दोस्त और कवि सब चले गये दरबों में सही-सलामत। तब
एक पुल की सीढ़ियाँ चढ़ते हुए तुमने देखा फूलों का
खिलना और आसमान का घने नीले रूप में चहकना
कि सहसा पुल के सारे खम्भे भहरा कर गिरे
और आदमख़ोर मगरमच्छों से भरा हुआ
समन्दर लहराने लगा वहाँ - इधर-उधर।
चारों ओर डर। एक डर।
महज़ एक जायज़ डर
जिसकी वक़ालत बेकार है अब।
तुम्हें भरोसा तो करना ही पड़ेगा
अब तुम्हें देना ही पड़ेगा एकान्त में रची सुन्दरता को।
न जाने किस आत्मघाती दुनिया का सामना करने के लिए
अब तुम्हें सौपना ही पड़ेगा यह चमत्कार
अब तुम्हें सहना ही पड़ेगा
इस जायज़ डर की वक़ालत बेकार है।
पुल की सीढ़ियाँ चढ़ते हुए तुमने सोचा कि आख़िरकार
सोच से कुछ नहीं होता - सिवा एकान्त मरण के।
अतः इस जायज़ डर की वक़ालत बेकार है अब।
अब तुम्हें मरना तो पड़ेगा ही - शब्द के सच को
सच साबित करने के लिए। इस जायज़
डर की वक़ालत बेकार है अब।

किसी भी निर्णय को ग़लत कर देने के लिये एक बार
तुम्हें सही तरीके से मरना तो पड़ेगा
उन हड्डियों के ढूह में रख देनी होंगी अपनी आँखें
बन्दूक की भरी हुई नली की तरह। अतः सोच लो
कि अब तुम नीले आसमान का चहकना देखोगे
या कविता के लिये कविता को ठिकाने लगाओगे।

कवि भविष्यवक्ता नहीं होता – यह तुमने कहा!
अब तुम असम्भव नहीं कह सकते – जहाँ तुम खड़े हो
हड्डियों के विशाल ढूह से सुनाई पड़ी एक चीत्कार
जनमत के मौन अंधकार में।

❑

काली चट्टान

मेरी चेतना में वही एक रंग
बार-बार लगातार क्यों उभरता है!

वही एक ख़ून-ख़राबे का रंग
वही-हत्याकाण्डों में सनी निरीह धरती का रंग
इतिहास की काली चट्टान के भीतर खौलता हुआ
वही एक सदाबहार रंग

जब कि ज़हर के रंग और भी हैं।
इतिहास उन रंगों का बना हुआ जिराफ़ है
आज उन रंगों का ज़िक्र सभ्यता के खिलाफ़ है।
लेकिन सभ्यता की माँद में आज भी वे छिपे हुए बैठे हैं
जो अक्सर रात के अँधेरे में जिराफ़ की सवारी करते हैं।
ज़हर के बारीक रंग आज भी पसन्द हैं उन्हें
जिनके शब्दों का रंग, जिनकी आँखों का रंग,
जिनकी हँसी का रंग
जिनके अफ़सोस प्रकट करने का रंग, जिनके हाथ मिलाने या
दुखी हो जाने का रंग ... जिनकी आत्मरक्षा का रंग
हर जगह वही-वही ज़हर के रंग।
और आदमी उनके खुरों के नीचे कुचली हुई नीली कपास है।

रंगों की ठण्डी वकालत में जो कभी यहाँ
कभी वहाँ - हँसते हुए, मोटे होते हुए निर्द्वन्द्व
सारी सड़कों और गलियों, मकानों और पेड़ों और नदियों
समुद्रों, संसद-भवनों और निजी बिस्तरों को लगातार

गँदला करते रहते हैं।
अब जो काले या गोरे या सुनहरे नहीं रह गये हैं
अक्सर जिन्हें अपना ख़ून धोखा-सा लगता है
वे मुझे क्षमा नहीं करेंगे।

मेरे चेतना में वही एक रंग
वही एक ग़लत ख़ून-ख़राबे का रंग
क्योंकर उभरता है बार-बार?
वे मेरी कविता को धुनेंगे
और रेशा-रेशा हवा में उड़ा देंगे
वे मुझे कभी क्षमा नहीं करेंगे।

लेकिन एक और भी आदमी है
जो चला जाता है
इतिहास की काली चट्टान के भीतर खौलता हुआ - शान्त
कोई चाहे तो उसकी काली चमड़ी के भीतर
चकमक पत्थर की तरह चमकती हड्डियों से
बच्चों को गिनती सिखा सकता है
कोई अगर चाहे तो उसके चेहरे में
हिन्दुस्तान का नक्शा
बड़ी आसानी से गढ़ सकता है।
कच्छ की खाड़ी से कामरूप की पहाड़ी तक
विवेकानन्द की चट्टान से बद्रीनाथ की चट्टान तक
वही एक चट्टान-इन्सान ...
वह तीर्थयात्राएँ नहीं करता, न देश-दर्शन, न खुफ़ियागिरी
वह सिर्फ़ मिट्टी का रंग पहचानता है।

वह मोज़ैक के चिकने फ़र्श पर पाँव रखते घबराता है
वह अपने पसीने की कच्ची, बेशर्म बू से परेशान है
वह अपनी काली पीठ पर जलते हुए

सूरज को पाकर सिर्फ़ मुस्कुराता है
वह घास के मैदानों या अधबने मकानों में
राहत महसूस करता है
वह अपना हक़ छीनने वालों से बदला लेने के लिये
तैयार हो रहा है चुपचाप।
वह अपने काले रंग को कड़वे तेल से सँवारता है
वह अपनी खुली मज़बूत टाँगों से सकुचाकर
अक्सर एक लुंगी खरीदने की बात सोचता है
वह आटे को चीनी की तरह इस्तेमाल करता है
वह अपनी हरी मिर्ची का स्वाद नहीं बदल सकता
उसने अपनी फटी मैली कथरी को
इस देश के इतिहास के इर्द-गिर्द लपेट दिया है
वह दुख और निराशा, गरीबी और अपमान के सीने
से चिपटा धुआँ हो रहा है-
वह तीर्थयात्राएँ नहीं करता, न देशदर्शन, न खुफ़ियागिरी
वह सिर्फ़ दिल की चिलम में सुलग रहा है ...।
वही, सिर्फ़ वही मिट्टी का रंग पहचानता है

वही, सिर्फ़ वही हो सकता है नीलकंठ
वही, सिर्फ़ वही खोज सकता है
रौंदकर भागने वाले खुरों की दिशायें
वही – जो अपनी जली हुई चमड़ी की युवा-ख़ुशबू
बड़ी बेचैनी, बड़ी लापरवाही से
छिपाता फिर रहा है – फ़िलहाल।

❑

अगली कविता

इसी तरह, इसी तरह, बिल्कुल इसी तरह-
वह जो कुछ है वह व्यक्त नहीं होगा।
इसी तरह शब्दों की आड़ी-तिरछी रेखाओं के बीच
वह कहीं झाँकता हुआ मिलेगा।
इसी तरह वह एक, वही एक बार-बार
और पास और पास आता हुआ निर्णय
कई हत्याकांडों पर दिया जाता हुआ वह सच्चा बयान
ठीक इसी तरह हर बार
सबकी नज़रें बचाकर फूँक दिया जायेगा।

मैं, लेकिन पत्थर के नीचे दबा हुआ नहीं रहूँगा
मेरी हथेलियों पर सारी संख्याएँ जुड़ी हुई रखी होंगी
शायद मुझे दुनिया का योगफल याद होगा
इस देश के करोड़ों लोगों की तरह - शायद
मेरा भी कोई अतीत, मेरा भी कोई वर्तमान
शायद मेरा भी कोई भविष्य होगा।
ठीक इसी तरह, इसी तरह, इसी तरह मैं
अपने को खा-खा के ज़िन्दा भी रहूँगा।

मेरे हाथों में किसी का कटा हुआ सिर नहीं होगा
मेरी जीभ पर किसी का भी खून नहीं लगा होगा
मैं उन अदालतों में जाऊँगा नहीं
जहाँ होता है न्याय का शील-भंग,
ये अग्निमान अपनी मुट्ठियों में बन्द किये
स्वयं ही राख हो रहूँगा - मैं

पर किसी मरी हुई जाति के लिए
कविताएँ – नहीं लिखूँगा।

सीढ़ियाँ होंगी – उस सर्वनाश में
समुद्र के चमकते प्रेत–सन्नाटे में
एक दूसरे को ठेलती हुई कई–कई लहर–पीढ़ियाँ होंगी
वे हमें भीमकाय बुल्डोज़रों की ठोकर से जगह–जगह
तोड़ रहे होंगे – जैसे हम आदिम जंगल हों
वे हमें क्रेन से उठाकर बड़े–बड़े जहाजों पर
लाद रहे होंगे – जैसे हम आदिम पहाड़ हों
मेरी कटी हुई बाँह यहाँ कुर्सी के हत्थे पर छूट गयी होगी
एक पौधा दरारों से झाँकता हुआ
बगीचे में बच रहा होगा
दो रोशनदान दिमाग में बन्द इधर–उधर लुढ़क रहे होंगे
हरी–हरी घास हवा की धौंकनी से काँप रही होगी
लम्बे गलियारों में जुड़वाँ कुत्तों के शव
अँधेरे को फाड़ रहे होंगे ...
मैं तब उनके दिये हुए किसी 'डायमण्ड हार्बर' पर
बैठा नहीं रहूँगा यूँ ही चुपचाप।

मुझे उस पर, वह अपनी कविता लिखनी ही पड़ेगी
उस चमकते प्रेत–सन्नाटे में, मुझे उसका
चेहरा रोशनी की ओर घुमाना ही पड़ेगा–
क्या उसका नाम था? क्या उसका अच्छा–सा
सदाबहार नाम था? वही – जिसे बार–बार
सोने का मुकुट पहना दिया करते हैं हम

वही, जिसे बार–बार सोने का नया
सिंहासन बनवा दिया करते हैं हम
वही – जिसे फिर–फिर हम सोने से तौल दिया करते हैं

वही – जिसकी बिच्छूनुमा मूँछें और झुर्रियाँ,
टेढ़ी और पकी हुई भौंहें
और तेवर और भारी–भरकम जिरह–बख़्तर उतार
जिसे कोमल, शालीन हम समझ लिया करते हैं
वही – जिसकी काली चमड़ी पर पिसे हुए
सोने का लेप किया करते हैं – हम
वही, जिसके लिए हम गढ़ते हैं नये सौन्दर्य–मान
नये शब्द–कोश ... प्रतीक, काव्य–बिम्ब,
वही – जिसकी व्याख्या में सारी मौलिकता उँडेल
रिक्त हुआ की है ब्राह्मण–मंडली हर बार।
मुझे उसका चेहरा रोशनी की तरफ़ घुमाना ही पड़ेगा
मुझे उस पर – वह अपनी कविता लिखनी ही पड़ेगी।

मुझे उसकी सही तस्वीर – मुझे उसकी
सच्ची मुखाकृति खोजनी पड़ेगी
शायद उसके बनाये बूचड़खाने में उसका
एक भी सही चित्र नहीं मिलेगा
शायद वह कोई सम्राट रहा होगा
हर वक्त दस्ताने पहने रहता होगा
शायद वह वही रहा होगा, वही रहा होगा – वही
जो सभी फुसफुसा रहे होंगे
बन्द दरवाज़ों के भीतर।
शायद वह वही पेशेवर रहा होगा।
(क्या कोई कवि जासूस कभी बनेगा!
क्या कोई कवि किसी ख़ूनी पर कविता लिख सकेगा!)

तब भी मालूम है मुझे
ऐसा किये जाने पर हर बार
मैं उन हिजड़ों से मिलूँगा ज़रूर
जो इतिहास बनाने की प्रतीक्षा में

स्वेच्छा से रथ पर बँधे हुए आगे आयेंगे ... बार-बार।
गर्दन में, कण्ठ में, ऊर्वर दिमाग में
कोमल हथेलियों के सघन एकान्त में
निर्भय आँखों में, होठों में -
कितनी व्यर्थता से वेध रहे होंगे वे।
मेरे लिए कहीं नहीं होगी पराजय की नुकीली शय्या वह
मैं जिस पर गिरकर आराम करूँगा -
सबसे अलग-थलग।

सच होगा यह :
एक दिन अपने उस अन्त में
निश्चय ही मैं इन्हें खो दूँगा -
इस ठण्डी हवा को, गहरे कोलाहल-सन्नाटे को
समय की अपनी इस नन्हीं-सी कलम को

और फिर इन्तज़ार ...
सचमुच ही मैं इन्तज़ार करूँगा -
जब इस अँधेरे में
वे लपट-भरे कदम - बेखौफ़ -
नज़र आयेंगे।

❑

कृष्णकान्त की खोज में दिल्ली-यात्रा

कुछ दिनों बाद जब दोबारा मैं नॉर्थ एवेन्यू गया
मेरी जेब में चारमीनार का एक पैकेट था
और कन्धे पर गाढ़े की नयी रज़ाई थी।
लेकिन कृष्णकान्त वहाँ नहीं था।
अचानक एक औरत हरजाई
झुटपुटे में
आँख मार
बगल से निकल गई।

वह खिड़की बन्द थी
जिसकी सलाख़ों के बीच से
कृष्णकान्त थूकता था;
वह बरामदा सन्नाता था
जिसमें गड़ा हुआ - वह
अपना दिल
फूँकता था।

मैंने सोचा - कहाँ गई
कृष्णकान्त की वह तेलचट् रज़ाई
जिसकी रूई का फाहा
वह दुनिया के घावों पर रखता था
(जब-जब उसका नन्हाँ माथा दुखता था)
कहाँ गया चारमीनार का वह ख़ाली पैकेट
जिसमें वह अपनी बीमार नफ़रत
की राख
झाड़ता था।

कहाँ चला गया कृष्णकान्त!
दिल्ली के चमकते नाबदान
से बाहर – वह
आखिर कहाँ
चला गया!
तार–तार फटी रज़ाई में
दिल की थिगलियाँ लगाता
चिमनी की तरह दिन–रात
धुआँ उगलता
सनसनाता
वह किन आसमानों में
जाकर अचानक
फट गया

कृष्णकान्त – जिसकी आँखों में तेज़ाब था
जो सारे दोस्तों पर शक की पेशाब करता था
और पैण्ट के बटन तक नहीं बन्द करता था
कृष्णकान्त – जो सूअर की चर्बी की तरह
गर्मियों में टिघलता था
और सर्दियों में मैल की तरह गुड़ी–मुड़ी
दिल्ली की आँतों में जम जाता था
कृष्णकान्त – जो कविता की घाटी में
एक श्यामकर्ण बछेड़े की तरह भटक आया था
जिसका दिनारम्भ चारमीनार के धुएँ से होता था
जो अपने मायादर्पण में घुटता, बुड़बुड़ाता, किटकिटाता था
कृष्णकान्त, जो महिलाओं से क्षमा माँग
सड़क पर नंगा निकल जाता था
आख़िर इस ठण्डे
दिनान्त में पस्त
वह कहाँ ध्वस्त
हो गया!

तभी सड़कें रोशनी के पानी में डबडबाने लगीं
दिल्ली के जगमगाते अँधेरे का खेल शुरू हो गया
अपनी सदियों की नैतिक गठरी उठाये – थका
मैं उदास हो गया।
कृष्णकान्त को ढूँढना असम्भव है
रास्ते अपरिचित हैं – ठण्ड है
हर जगह आदमी के गह्वर हैं
आख़िर कहाँ चला गया यह साला कृष्णकान्त!
शताब्दी के चमकते झुटपुटे में
संक्रामक समय की फुसफुसाहट में
कहाँ गुम गया – वह
एक औरत हरजाई को
आँख मारने के लिए
सन्नाटे में
छोड़कर।

सड़क-दर-सड़क रोशनी के फफूँद हटाता उदास
मैं चला जा रहा था कि तभी-अचानक
वह आदमी दिखा-
संसद-भवन का तेज़-तेज़ चक्कर लगाता हुआ
मैंने पुकारा – 'कृष्णकान्त, कृष्णकान्त, कृष्णकान्त'
वह घूमा और फिल्ल-से हँस दिया।
मैंने कहा, 'क्षमा करें, ग़लती हुई, आप
कृष्णकान्त नहीं हैं।'
चाहे कृष्णकान्त चिंघाड़े भले नहीं
गुर्राता ज़रूर था
झूठ ही सही, पर अपने होने का
उसे कितना ख़ूबसूरत ग़ुरूर था!
कृष्णकान्त असभ्य था – पर मुझे पसन्द था
कृष्णकान्त बौना था – पर कटखौना था

वह सलाम का जवाब न देकर
धुएँ का लम्बा कश् छोड़ता था
लेकिन सामने वाले को जगह-जगह से तोड़ता था।

तभी उस आदमी ने कहा – 'मैं
कृष्णकान्त को जानता हूँ – पर उसे
संसद्-भवन के आसपास ढूँढ़ना बेकार है।'
'क्यों', मैंने कहा।
उसने कहा – 'आज इतवार है।'
मैंने कहा, 'आइए, फिर सोमवार तक यहीं इन्तजार करें।'
लेकिन तभी मैंने सोचा वह सोमवार! मान लो अगर
न आये, अगर कभी न आये
और हम अपने खोये हुए भाई के लिए
चोर की तरह यहाँ मडरायें
दिल्ली के पत्थर-दिल में
सेंध लगायें, और धर लिये जायँ ...
नहीं, यहाँ नहीं – यहाँ एक अमूर्त पहरा है
समय यहाँ गूँगा है – बहरा है।
चलिए उसे कहीं और ढूँढ़ें –
कहाँ घुस गया वह!
इतनी हवा क्यों पी ली
उस दुनिया के दुश्मन और ब्रह्माण्ड के दोस्त ने
कि गुब्बारे की तरह फुस्स हो गया!

हमने योगेश गुप्त से पूछा, 'कृष्णकान्त कहाँ है?'
'मेरी आँतों में अल्सर है।'
हमने राजीव सक्सेना से पूछा, 'कृष्णकान्त कहाँ है?'
'कोई भी यहाँ क्या अनश्वर है?'
हमने मोहन राकेश से पूछा, 'कृष्णकान्त कहाँ है?'
'छोड़ यार, होगा रघुबीर सहाय की कार में।'

हमने रघुबीर सहाय से पूछा – 'कृष्णकान्त कहाँ है?'
'भारत जी के साथ मझधार में।' हमने
भारत जी से पूछा – 'कृष्णकान्त?' 'भाई जी
की दाढ़ी में।' हमने भाई जी से पूछा –
'कृष्णकान्त?' केवल एक शब्द – 'स्वामिनाथन्।'
स्वामिनाथन् ने धकेल दिया खोसा के घर।
खोसा ने कहा – 'कृष्णकान्त का क्या भरोसा!
दिल्ली की गिरी हुई झाग में होंगे
या पुराने कुदसिया बाग़ में होंगे।'
किसी ने कहा – अकबर रोड – फिर औरंगज़ेब
फिर पंचशील फिर बहादुरशाह ज़फ़र मार्ग,
फिर चाणक्यपुरी, कुतुबमीनार –
बाप रे बाप – इतिहास में इस तरह
आगे और पीछे और आगे और पीछे और आगे
शंटिंग-दर-शंटिंग-दर-शंटिंग-दर-शंटिंग
धुँआए हुए काले इन्जन की तरह हमारा कृष्णकान्त
दिल्ली के किस तहख़ाने के
किस काले यार्ड में चुपचाप
खड़ा होगा?

नहीं, ये सब लोग हमें टरका रहे हैं
किसी रहस्यमय सत्य को ताश के पत्तों की तरह
सड़क-दर-सड़क – मकान-दर-मकान
चिकने शब्दों में सरका रहे हैं
जैसे भाई से भाई के मौत की दारुण ख़बर।
नहीं, कृष्णकान्त को इस तरह का
नृत्य-नाट्य कभी नहीं आया
उसने दूसरों का दिल और दिमाग़ कभी नहीं चबाया
वह तो रोज़-रोज़ अपने को खाता था
और घायल सिपाही की तरह एक खन्दक से कूदकर
दूसरी खन्दक तक जाता था।

वह शब्दों का ट्विस्ट ज़रूर करता था
वह संहिताओं के आप्तवचन उद्धृत कर बोलता था
लेकिन उसी में चमत्कृत,
अपनी ज़हर की गाँठ तो खोलता था
लेकिन वह इस तरह दसदुआरी कभी नहीं रहा
यह ठीक है कि वह बिल्कुल मौलिक भी नहीं था
लेकिन वह विश्वम्भर नाथ शर्मा 'कौशिक' भी नहीं था
गणेश जी की तरह ही सही – कृष्णकान्त
धरती का चक्कर तो लगाता था
और साहित्य से मरे हुए भूतों को तो भगाता था
वह भूख लग आने पर डण्ड पेलता था
और सिग्रेट ख़त्म होने पर नज़फ़गढ़ का नाला हेलता था।
नहीं, कृष्णकान्त ऐसी जगहों में नहीं होगा
वह–वहीं कहीं, वहीं कहीं, वहीं कहीं होगा।
जहाँ वह पहले था – सही–सलामत।
कुढ़ता, तड़पता, लजाता, बुदबुदाता
दिल्ली के सड़े तालाब में
झख् मारता।

मैंने उस आदमी से कहा, 'सुनिये, मुझे मालूम है
मैं अपने भाई की आदतों से बचपन से परिचित हूँ –
वह पराठेवाली गली में होगा
वह जहाँ भी होगा, एक दार्शनिक चलाचली में होगा
वह जमुना के कगार पर होगा
या ग़ालिब की मज़ार पर होगा
कृष्णकान्त रोशनारा रोड के कबाड़खाने में होगा
या जी० बी० रोड के सड़े जनानख़ाने में होगा
वह जामा मस्जिद के पीछे कबाब खा रहा होगा
और कुल्हड़ में सौंफिया पी रहा होगा
कृष्णकान्त सरदार जी के होटल में आग ताप रहा होगा

और मैली रज़ाई में थर-थर काँप रहा होगा
कृष्णकान्त कहीं पहलवान-छाप बिड़ी पी रहा होगा
और पच्चीस साल पहले फटा हुआ हिन्दुस्तान का नक्शा
अपनी नसों से सी रहा होगा
वह कहीं कनाट-सर्कस के आसपास बैठा होगा
वह त्रिवेणी-कला-संगम की घास पर ऐंठा होगा
वह सप्रू-हाउस के कैण्टीन में होगा
और मुक्तिबोध की अन्तरात्मा की गहरी छानबीन में होगा
कृष्णकान्त पुराने क़िले के शरण्य में होगा
या नहीं तो अपने भीतर के
गहरे अरण्य में होगा।
वह शहडोल में डोल रहा होगा
या दमोह के मोह में नर्मदा को घँघोल रहा होगा।
सुनिये - कृष्णकान्त वहीं कहीं, वहीं कहीं
अपने पुराने हौज़-ख़ास से निकलकर
रहीम ख़ानख़ाना के मक़बरे के आसपास
कहीं अपना दुख
सूखे पत्थरों की तह में
दबा रहा होगा
और आत्महीन दिल्ली को -
आत्मा का रहस्य
बता रहा होगा।'

मेरे इस हठ से वह साथ का आदमी चकराया
फिर हँस दिया। 'महाशय, आप किस ख़ब्त में हैं
आपका भाई कहाँ है और आप किस वक्त में हैं
लट्ठ में रज़ाई टाँगे आप दिल्ली हेल रहे हैं!
आपके वक्तव्यों से लगता है - आप
इण्डिया-गेट पर गुल्ली-डण्डा खेल रहे हैं।

बताइए, आपकी यात्रा का उद्देश्य क्या है?

दिल्ली लोग यों ही नहीं आते
कि आयें और बेलगाम सच्चाई का हठ दिखलायें
और अपनी नैतिकता का कूड़ा जहाँ-तहाँ
खोलकर सरे-राह पसर जायें ...

आप क्यों नहीं समझते
दिल्ली दरअसल एक ख़ूनी दरवाज़ा है
दिल्ली वक्त की प्रेतात्मा है
दिल्ली मृतात्माओं की चमकती सल्तनत है।

इसी चमकती सल्तनत में बैठा है आपका
वह – कृष्णकान्त!
देखिये – आपके दिये हुए भूगोल में वह कहीं नहीं है।
देखिये – वही है आपका दुलारा कृष्णकान्त!
पी०सी० सरकार की तरह
ज़मीन में धँसता – आसमान में निकलता हुआ

कविता के कोने में वह उसका झूला है –
अभी-अभी पिछले दिनों वह
अपने वज़न के हज़ारवें हिस्से के सोने से तुला है
वही कृष्णकान्त कलकत्ते में पत्ते फेंक रहा है
और बाज़ी हार रहा है
वही कृष्णकान्त, दिल्ली की भीगी बिल्ली बन
कुर्सी के नीचे एक चूहे को डरा रहा है
अब वह अपने बारे में कुछ नहीं जानता
वह कहाँ से आया है
कुछ नहीं समझता, कुछ नहीं सुनता ...

कृष्णकान्त शासन के
कामता प्रसाद गुरु का नया व्याकरण है
कृष्णकान्त, सत्ता के दिनकर का गुटका संस्करण है

देखिये – अपने कृष्णकान्त को ध्यान से देखिये –
गर्दन अब नहीं है
चेहरा अब पीठ की तरफ़ घूम गया है।
अतः अब हमेशा वह
उल्टी दिशा में चलता है
अपने नक़ली तख़्ते–ताऊस पर बैठा
हवा में नंगी तलवार भाँजता है
अपने भाइओं का क़त्ल करता है
और अपने को शहंशाह
कहता है।'

❑

तैमूरलंग

वह फिर लौट आया है – अनाहूत। आदिम–दुर्दान्त
अपनी लपट भरी आँखों से तेज़, लपलपाते अग्निबाण फेंकता
लाल–लाल रक्त–सने दाँत किटकिटाता, क्रोधान्ध
अपने अट्टहासों से सारी छिपी असम्भावनाओं को वेधता
सोते हुए बच्चों को झिंझोड़कर जगाता, हहराता ...
जलते मकानों और कपड़ों की तहों में,
गटर–पाइपों और अन्दर से बन्द
गुसलख़ानों में छिपे दुश्मनों को ढूँढ़ता ... अन्धाधुन्ध
जनाक्रान्त सड़कों, हरे–भरे पेड़ों, बगीचों और फूलों पर
अपने लहूलुहान, लँगड़े कदमों की छद्म–छाप छोड़ता–फिर
वह फिर लौट आया है।

कोई उससे छिपकर भाग नहीं सका।
वह चौराहों पर पहरा दे रहा है, पुलों पर तैनात है
बख्तरबन्द गाड़ियों में इस्पात का कवच पहने बैठा है।
कोई उसकी जलती हुई आँखों को धोख़ा नहीं दे सका
वह हर जगह भीड़ में लँगड़ाता हुआ चल रहा है – लेकिन
मौका पाते ही झट अपनी बैसाखियाँ फेंक,
लोहे के पैरों पर खड़ा हो
दनादन गोलियाँ दागने लगता है।

वह अजीब–से षड्यंत्रों में व्यस्त है
वह अपने दिल की म्यान में बन्द हिंसा की लाल–लाल
जीभ दिखा सबको आक्रान्त कर रहा है
वह भेड़ियों को फ़ौजी क़वायद के लिये तैयार कर रहा है
वह बूढ़े और खूसट और कायर सम्राटों के बीच

एकाएक प्रकट हो, उन्हीं को खाकर संतुष्ट – डकारता है
वह नन्हें-नन्हें बच्चों से रक्त-कर वसूल कर रहा है!
वह सुन्दर स्त्रियों के भीतर तेज़ाब की भभक-सा फूट
उन्हें काले चिथड़े-सा सड़क पर डाल आता है।
वह सारे सम्बन्धों को मुट्ठी में मसलकर कचरा बनाता है
वह सारी कोमलता के भीतर उबलते हुए शौर्य का अपहरण कर
एक जन-रेगिस्तान बनाने में रत है।

कोई उससे बचकर निकल नहीं सका
सारे आश्रमों और विश्वविद्यालयों में उसने
सन्निपात के कीटाणु छोड़ दिये
सारे पुस्तकालयों में बारूद बिछा दी
सभा-भवनों में डाइनामाइट लगा दिया
सारे बुद्धिजीवियों के इर्द-गिर्द गहरी सुरंगें खोद दीं
पूजा-गृहों को बूचड़खाने में बदल दिया
सारे इतिहास को सरेआम क़त्ल किया
सारी भाषाओं को ज़िन्दा दफ़न कर दिया।

कोई उससे छिपकर भाग नहीं सका
उसने मुट्ठियाँ खोल दीं – गाँव के गाँव
शहर के शहर, खेत-खेलिहान, कल-कारखाने, जच्चागृह
भस्म हो गये।
वह अपने हाथ की मशालें दहकाता
अपनी विषैली फूत्कारों से हवा में ज़हरीली आग उगलता
वह दुर्दम-अत्याचारी, वह शाश्वत विजेता
नये-नये नगरों, नयी सभ्यताओं की खोज में आगे
        निकल गया
        चला गया।

फिर वह लौटा है –
उन्हीं-उन्हीं गलियों और रास्तों से

उन्हीं-उन्हीं गाँवों और परिचित राजमार्गों से
अपने साम्राज्य का अवलोकन करने सदियों के बाद।
खोज रहा है - भयाक्रान्त, कुचली जनसंख्याएँ
ध्वस्त राजमार्ग, खण्डित सिंहासन
नेस्त-नाबूद भाषाएँ, कायर चीत्कारें
स्व-निर्मित नक्शे
निर्देश-पत्र।

लेकिन कुछ नहीं, कुछ नहीं, कुछ नहीं
कोई इतिहास नहीं, कोई आतंक नहीं
कोई यादगार कोई स्मारक नहीं
कोई आश्चर्य-चकित नहीं है
कोई आतंक-ग्रस्त, भयाक्रान्त नहीं है
कहीं सन्नाटा नहीं छाया है
जैसे यहाँ कभी नहीं, कोई नहीं आया है।
केवल एक लँगड़ी और जादुई कहानी
पिता अपने पुत्रों को मनोरंजनार्थ सुनाते हैं।

ख़ुद वह आश्चर्य-चकित, ख़ुद वह ख़ामोश,
ख़ुद वह आतंक-ग्रस्त
पाता है अपने ही भीतर मलबे के ढूह,
बंजर शताब्दियाँ, गलियाँ और सड़कें वीरान
ध्वस्त राजमहल, और कटी हुई टाँगें,
लँगड़े कबन्ध
कैंसर, उपदंश, सन्निपात के जहन्नुम
काले ख़ून-सने बूचड़खाने
जले हुए जंगल और गाँव और नगर
और भुने हुए चिराँयध जच्चागृह
गहरी, अँधेरी, दलदली सुरंगें
काना इतिहास

दफ़न हुई ज़िन्दा भाषाएँ।

देखो, वह कितना निरुपाय है
कितना अकेला है, कितना असहाय है।
आँखों के इर्द-गिर्द मांस की थिगलियाँ झूल आयी हैं
जबड़े लटक आये हैं।
देखो, वह फिर भी प्रतीक्षा में बैठा है
अपने ही अन्तर के सूने, भयावह खँडहरों में
खिन्न-मन, चकित, आक्रान्त, आवेशहीन, जर्जर
वह दाँत किटकिटाता है
अपनी ही रचना में शून्य-मन, शून्य-मन, शून्य-मन
            टहलता है।

कोई नहीं सुनता, कोई पहचानता तक नहीं
कुछ नहीं नष्ट हुआ लगता
कोई चुनौती तक नहीं देता उसकी अपंग निरंकुशता को
कोई हथियार बाँध खड़ा नहीं होता है उसके विरुद्ध ... क्रुद्ध
केवल वही बार-बार अपने से लड़ता है
केवल वही बार-बार मरता है
अपनी पराजय को दुहराने
केवल वही - बार-बार
            लौट-लौट
            आता है।

❑

शेख़ मुजीबुर्रहमान

हमेशा वह एक ही अकेला व्यक्ति होता है
जिसके भीतर पहली बार
रोशनी की लौ फड़कती है।
हमेशा वह एक ही अकेला व्यक्ति
कभी तो लँगीटी लगाये
अपनी लम्बी उँगलियों वाला हाथ
सारी मानवता के ऊपर उठाये हुए – शान्त।
कभी एक हरे झंडे के नीचे जलती आँखों से – चिंघाड़ता
जिसकी उठी हुई बाँह पर कुर्ता
सफ़ेद कबूतर की तरह फड़फड़ाता रहता है

हमेशा वह एक ही अकेला व्यक्ति होता है, जो
काली बर्फ़ की तहें हटाता है।
हमेशा वह एक ही अकेला व्यक्ति होता है
जिसकी चमक से बर्बरों को चौंधा लग जाता है
और वे घबराकर हथियार बाँध लेते हैं
और एक सोयी हुई जाति अपने इर्द-गिर्द का अँधेरा
पहचानती, सहमती उठ खड़ी होती है – हमेशा

किसी को यकीन नहीं आता – किस तरह वह अकेला व्यक्ति
पूरा इतिहास बन जाता है –
एक पूरा हरा-भरा पहाड़ बन जाता है
जिसके सीने में संगीने ठोंक जंगखोर भेड़िये भी
थोड़ी देर आराम करते हैं।
जिसकी पथरीली पसलियों में सुरक्षित
वह जगी हुई जाति

उन संगीनों को उखाड़ फेंकती है।
और अपने लिये एक नया घर बनाती है।
फिर कुछ नहीं होता - जब वह अकेला व्यक्ति
वक्त की तहों से छनकर बाहर आता है
जब वह सभ्यता के जंगल को अपने भीतर के साइक्लोन
से झँझोड़ कर रख देता है
जब वह सफ़ेद सैलाब की तरह
फैलता-फैलता-फैलता चला जाता है
फिर कुछ नहीं होता।

चाहे उसे सूली पर लटका दो, चाहे उसे
गोलियों से भून डालो, चाहे उसे चट्टानों से बाँधकर
गिद्धों से नुचवा डालो, आँखों में गर्म सलाख़ें घोंप दो
किसी भी यातना की छाया उसकी आत्मा पर ठहर
नहीं पाती।

सिर्फ़ उसकी चमक
सदियों पर ठहर जाती है।

❑

कालिदास

मौन के विराट अश्वत्थ से जो मुझे ले गये
वाक् और अर्थ के समुच्चय-बोध तक
वे मेरे गुरुजन नहीं थे। वे दिशाहारा थे।
अपने ही तर्कों के गलित वाग्जाल से पराजित
उद्‌भ्रान्त।

उसके पहले उन्होंने कभी भी चुनौतियाँ नहीं स्वीकारी थीं
उसके पहले कभी भी उन्होंने निर्मम किन्तु
आत्म-परिशोधक पराजय का मुँह नहीं देखा था।
इसके पहले कभी भी उन्होंने इतिहास की निहाई पर
सिर नहीं रखा था।
वे केवल आप्त-वचन उद्धृत कर गर्व से
निरीह जनता को फाड़ते हुए
प्रतिष्ठा के बिल में घुस जाया करते थे।
उन्होंने परस्पर सहमति की चिकनी बैसाखियाँ लगा रखीं थीं
वे संतुष्टि के अँधेरे में परम निश्चिन्तता से
उल्टे लटके हुए सोये-सोये सड़ रहे थे।
उन्हें सिर्फ़ अपच था - उन्हें सिर्फ़ बार-बार
रह-रह उल्टियाँ-सी आती थीं
जिन्हें भोली जनता में
शास्त्र-विवेचन का नाम दिया जाता था!
अपने अस्वास्थ्य असंशय और कायर अहं की
भीड़ में सुरक्षित थे वे।
वे सफेदपोश, वे गौरांग, वे तथाकथित अहिंसक, नकली
विद्वत्ता के ताम्रपत्रधारी वे - असल में
सत्य के नक़ाबपोश, कुंठित हत्यारे थे।

काव्य और शास्त्र का समागम उनके लिए महज
अय्याशी थी।
कहीं कोई मुहाँमुहीं नहीं थी
उनकी जर्जर अय्याशी को आर-पार चीर देने वाली
वह वाक् की कटार-लपलपाती
इसके पहले कहीं नहीं थी।

सदियों के बाद उन्हें अचानक वह
वाक् की कटार लपलपाती दिख गयी थी
जिसने उनकी षड्यन्त्र की पिटारी को
झटके से खोल दिया था
जिसने उनके मुलम्मा चढ़े स्वर्णिम सिंहासन को
यहाँ-वहाँ खरोंच दिया था
जिसने उन्हें अपदस्थ कर बारिश में भीगी हुई
चिकनी और काली मिट्टी में घुटनों तक उतार दिया था
जो उनकी संतुष्टि के अँधेरे में गहरे
रक्तवर्ण घाव की तरह आकर बैठ गयी थी
जो उनकी प्रतिष्ठा के बिल में गर्म-गर्म
तरल शीशे सी गलगल करती हुई भर गयी थी
जिसने उनकी सुरक्षा की दीवार में बाहर की हवा के लिए
एक छोटा-सा, जलता हुआ छेद कर दिया था।
जिसने उनके शब्द-उपदंश में हल्का-सा नश्तर लगा दिया था
जिसने उनकी चमड़ी के नीचे बहते,
गन्दे परनालों को खोलकर
जन-साधारण को नाक बन्द करने और
स्तब्ध रह जाने पर विवश कर दिया था।

मौन के विराट अश्वत्थ से जो मुझे ले गये
वाक् और अर्थ के समुच्चय-बोध तक
वे मेरे गुरुजन नहीं थे

वे दिशाहारा थे।
अन्दर से टूटे, दयनीय। अपने ही जर्जर
अय्याश, वाग्जाल से पराजित – विक्षुब्ध।
दिशा–दिशा, नगर–नगर, गाँव–गाँव
जंगल–जंगल भटकते हुए परेशान।
बदले की धुँधुआती आग में धुँआते
नंगे। विरूप। विक्षिप्त। भयाक्रान्त।
बदले की धुँधुआती आग में धुँआते हुए
उन्हें कोई महामूर्ख चाहिए था।
उन्हें कोई काला–कलूटा, भदेस एक
मिट्टी का माधो चाहिए था।
मछलियाँ पकड़ता हुआ कालू मल्लाह
या गायें चराता हुआ बुद्धू गोपाल
हल चलाता हुआ गबदू हलवाहा
या लकड़ियाँ काटता हुआ भोलू लकड़हारा –
जो सहज ही उनकी चकाचौंध से चकित रह जाय
अपने भोलेपन को, मिट्टी में सँवराई अपनी
सज्जनता को जो श्रद्धागद्गद् हो अर्पित कर दे
जो उनके दिये हुए कृत्रिम गूँगेपन को
महज़ एक भोली–सी लालच में ओढ़ ले
और उसे मौन का विशाल अश्वत्थ घोषित कर
वाक् की कटार को साबुत ही लील जाय।
जो उनके मोर्चा–लगे ताम्रपत्रों की रक्षा में योग दे
जो उनकी टूटी बैसाखियाँ फिर जोड़ दे
जो उनकी छिपी हुई कायर बर्बरता को बल दे
जो बिना जाने ही सिंहासन–रक्षा में उनका सहयोगी हो
जो अपने निपट भोलेपन में 'सच' की दोनों आँखें फोड़ दे
और उन्हीं की तरह 'ब्राह्मण' कहलाने का झूठा
अधिकार प्राप्त करे।

मौन के विराट अश्वत्थ की उस ऊँची डाल पर बैठा था
वह मेरा कृष्णकाय, गहरा, प्रशान्त और अँधियारा मौन।
वह ऊँची डाल सदियों से बंझा हो चुकी थी
मौन के विराट अश्वत्थ में वह बंझा डाल चुपचाप
हरा-हरा ज़हर बन अन्दर को रेंग रही थी
वह बंझा डाल मेरे उस कृष्णकाय, गहरे, अँधियारे मौन में
अपना वह कृत्रिम गूँगापन चुपचाप घोल रही थी
वह बंझा डाल अपने उस कृत्रिम गूँगेपन से
वाणी के अनहोने सच को लगातार-लगातार
अपमानित कर, एक घुटन भरी,
बदबूदार पोथी में बन्द कर रही थी
वह बंझा डाल - चारों ओर, अनवरत, असीम
अन्तःस्थित फैल रही थी - अन्दर-अन्दर
जनता के मन में, निर्णय के क्षणों में, शासन-तंत्र में
बच्चों की आँखों में, यौद्धा के पौरुष में
कवि के असीम काव्य-मौन में।

वह उनकी समझ में नहीं आया -
मौन के विराट अश्वत्थ की उस ऊँची डाल पर
कृष्णकाय गहरे प्रशान्त उस अँधियारे मौन का बैठना
वह उनकी समझ में नहीं आया।
शब्दहीन खट-खट से, शब्दहीन एकाकी
दृढ़ निरंतरता से आँख मूँद
शब्दहीन हवा में चमचमाती
मौन की कुल्हाड़ी से
उस गूँगे मौन को छिन्न-भिन्न करना -
वह उनकी समझ में नहीं आया
मेरा उसी डाल पर बैठकर उसी को लगातार काटना
अन्दर और बाहर के कृत्रिम गूँगेपन को एक साथ
काटकर अलग कर देना - वह उनकी समझ में नहीं आया

उस बंझा डाल के साथ ही मेरा वह टूटकर
धरती की अमर युवा-ख़ुशबू में गिरना
और नष्ट हो जाना
निश्चय ही वह उनकी समझ में नहीं आया
इतिहास का वह पटाक्षेप।

मौन के विराट अश्वत्थ से जो
मुझे ले गये – वाक् और अर्थ
के समुच्चय-बोध तक – वे
मेरे गुरुजन नहीं थे।
अपने ही जर्जर, अय्याश वाग्जाल से पराजित
स्तंभित। मदान्ध।
नंगे। विरूप। विक्षिप्त। भयाक्रान्त।
वे दिशाहारा थे।

❑

उसके पैदा होने पर

तुम्हारे भीतर से निकल कर एक दिन अचानक
एक अनजान ख़ुशबू की तरह,
सदियों पुरानी पहचान की तरह
तुम्हारे दिल की धुकधुकी को फोड़कर निकली
एक काली मुस्कुराती आँख की तरह
तुम्हारी ही छाती पर – वह किलकारियाँ मारने लगा।

एक अजूबा था यह
जो सहसा ही सच हो गया।

तुमने अपनी देह को टटोला – वह सही–सलामत थी
तुमने अपने दिल को टटोला–
वहाँ नया–नया जंगल उग आया था।

झूमते हुए पेड़ों के बीच तुम्हारी कराह को डुबो दिया उसने
अन्दर चाहे उमस हो ठण्डी बर्फ़ीली नदी हो
नफ़रत का अन्धड़ हो – अब तुम कुछ नहीं सुन सकते
सिर्फ़ किलकारियाँ, सिर्फ़ किलकारियाँ – सिर्फ़ ...

लेकिन वह तो एक हरे–लाल अँखुआते पहाड़ की तरह था
इंच–इंच बढ़कर उसने तुम्हें इंच–इंच छोटा कर दिया
अब तुम तलहटी में खड़े हो
बर्फ़ उसी के माथे पर गिरेगी
धीरे–धीरे सघन–वनों का वसन्त
वह तुमसे छीन ले गया
तुम्हारी बाँहों के उठे हुए ठूँठ की पहुँच से बाहर हो गया

देखते ही देखते उसका
नुकीला चमचमाता शर्मीला – माथा।
तुम्हारी विजयों का इतिहास–फेन –
एक सफ़ेद गुच्छा बनकर
तुम्हारे सूखे गालों से चिपक गया।

आख़िर अनायास एक दिन युवा–ख़ुशबू से लबालब–वह झुका
तुम उसके गले में ठूँठ की छुवन डाल झूल गये
सघन वसन्त में उसके तुम
गुम हो गये
बर्फ़ तुम्हें खा गयी।

❑

मद्रास

स्वागत-होटल में लोग अपनी ख़ुशी फुसफुसा रहे हैं
मेरिना समुद्र-तट पर सुबह
मछुआरों के नंगे बच्चे नहा रहे हैं
जिस बैरेक में 'क्लाइव' रहता था – उसके पास
प्याज़ की दस-दस गाँठों का ढेर लगाये – औरतें
ख़रीदार के इन्तज़ार में झुँटैले बालों से जुएँ निकाल रही हैं

दो हज़ार वर्ष पुरानी कवयित्री एक
हाथ उठाये मछुआरों की झोपड़ी की तरफ़ इशारा कर रही है
प्रेम काली पसलियों में दमे की तरह हाँफ़ रहा है
एक सुखण्डी चेहरा – इतिहास की गाँठ
खोलता हुआ बालू में
गड़ा है।

सूरज आख़िरकार – पूरब में ही
उगता है।

❑

महाबलीपुरम्*

कौन है वह विशालकाय आजानुबाहु! काले आसमान में
अपनी हथेलियों पर एक लाल पहाड़ उठाये हुए
कौन है वह – इस हरी-भरी धरती पर अपना पैर टिकाये हुए
अब वह कहाँ है?

चारों ओर ठिंगनी जनसंख्या है – सहमी हुई कातर
आँखों के आगे समुद्र की चिंघाड़ है –
दहाड़ता हुआ अंधकार।

उँगली पकड़े हुए माँ की टाँगों से चिपटे हुए बच्चे हैं
उत्सुक निगाहों से प्रलय के खिलौने का इन्तज़ार करते हुए
बीते हुए समय के जुएँ हेरते बन्दरनुमा काठ चेहरे हैं
ठिठकी हुई बेमतलब कुदाल है हाथों में
थर्रायी हुई फसलें हैं
डर से करियाई हुई नदी है।

(सिर्फ पशु हैं – निश्चिन्त, निर्विकार
हरी घास चरने को उत्सुक
या सुखी और पालतू हिरन हैं –
चौकड़ी भरने को तैयार।)

कहाँ है टूट कर बरसता घनघोर संघर्ष?

कब तक सहेंगे हम–चुपचाप
युद्ध का निरर्थक इन्तज़ार?

❑

---

*पहली गुफ़ा में गोबर्धन-धारण के भित्ति-चित्र को देखकर

बेन्द्रे की औरतें

बेन्द्रे की औरतें
पहाड़ की जड़ पकड़े बैठी हैं
बेन्द्रे की औरतों के बीच
धूप का दूसरा पहाड़
फैल रहा है।
बेन्द्रे की औरतों के सीने से
मरे हुए बच्चे चिपटे हैं।
बेन्द्रे की औरतें सदियों की थकान में लस्त
पेड़ का काला तना हैं बेन्द्रे की औरतें
पहाड़ की जड़ पकड़े हरियाली की तरह
ऊपर उठ रही हैं।

एक आदमी आता है
और बेन्द्रे का पता पूछता है
एक आदमी ज़िन्दा औरतों के गुच्छे ले आता है
एक और आदमी है जो पहाड़ की जड़ में दबा है
बेन्द्रे की औरतें पहाड़ की जड़ को उठाती हैं
और अपने मर्दों के कटे हाथ
वापस लाती हैं

बेन्द्रे की औरतें नर्मदा के इस पार भी हैं
नर्मदा के उस पार भी।

लेकिन यह कैसे हुआ!
चित्र-लिखी बेन्द्रे की औरतें
इन दिनों

चित्रों से बाहर आ रही हैं
बेन्द्रे की औरतें देवताओं की समाधि पर
फावड़े चलाने को तैयार
बेन्द्रे की औरतों की आँखों में हताशा की आग!

श्रीमती बेन्द्रे अफ़सोस में हैं
और श्रीमान् बेन्द्रे
एक गहरे मौन में बन्द।

❑

गुरु जी से संवाद

गुरु जी, आजकल हमारी समझ में कुछ नहीं आता
गुरु जी, सोचते हैं भूख-हड़ताल पर बैठ जायँ
रात को भोजन करें दिन को हाँय-हाँय
गुरु जी सोचते हैं, मारपीट दंगा-फ़साद करें आयँ-बायँ
गुरु जी, सोचते हैं पुलिस से हमारी पिटाई हो जाय
सोचते हैं जेल चले जायँ।

गुरु जी, जहाँ से कहिये वहीं से शुरू करें
विचारों की ऐसी की तैसी, यहीं से चुनाव लड़ जायँ
आप ही बताइए गुरु जी, क्या करें
क्या-कुछ करें
कि आगे कुछ बनें
गुरु जी, आग लगा दें कहीं भी
कहिये तो चम्बल में उतर जायँ।

गाँव जा कर क्या होगा गुरु जी,
शहर में रहकर कुछ करें
एकाध-ठो कतल करें
काबिल कहायँ।

रहने दीजिये गुरु जी,
सिच्छा बहुत दे चुके आप
अब कुछ ऐसी दिच्छा दें -
हम भी लूट सकें
जनता को
साधिकार।

❑

नौहा

(कवि मानबहादुर सिंह की जघन्य हत्या की याद में)

चाँद निकला तो लगा रात अभी बाक़ी है।*

ख़ून की जो झड़ी दिन में लगी थी कब से
दिन में जो रात थी वह रात अभी बाक़ी है।

वह जो बैठा था सरे-शाम से तलवार लिये
ख़ून में विष-बुझी वह घात अभी बाक़ी है।

वह जो चौखट पे था वह जो अन्दर घर के
वह जो मैदान था दिल के भीतर
वह जो दुनिया में था दुनिया-बाहर
वह जो संन्यास के कोहराम में चुपचाप खड़ा
रात के दृश्य में जंगल का अँधेरा था जो
उसको मालूम न था
रात में ख़ून की बरसात अभी बाक़ी है।

कोई बोला भी नहीं कोई उट्ठा भी नहीं
कोई बाहर भी नहीं कोई भीतर भी नहीं
जैसे जंगल सन्नाटा खींचे
जैसे तूफ़ान के भीतर चुप्पी
तुम थे बाहर केवल, तुमको था दुनिया पे यक़ीन
तुम थे इंसान के अगले दुर्दिन
तुम थे केवल बाहर

---

* इस नौहे में फ़िल्म की एक मशहूर कौव्वाली 'रात अभी बाक़ी है बात अभी बाक़ी है' का हल्का-सा इस्तेमाल किया गया है।

अपना कटा हाथ लिये
अपना कटा सिर थामे –
इस तरह तुम तो गये
घात अभी बाक़ी है।

वह जो तुम दे गये जाते–जाते
ज़िन्दगी की वही सौगात अभी बाक़ी है।

❑

संगम पर गंगा

इस नदी में रात खिलती है
इस नदी में शवों की दुर्गन्ध हिलती है
इस नदी में उस नदी की 'हाय' मिलती है।

यह नदी अवतरण–लीला है
यह नदी अब मरणशीला है।

यह नदी गांगेय का घर है
यह नदी जीवन–सफ़र है।

❑

प्रेम पर बहस

गोपीनाथ

'प्रेम' पर कई गोपीनाथों में बहस थी
सबसे बड़ा गोपीनाथ एकनिष्ठता की बात कर रहा था
नपुंसक चौराहे पर दृश्य की तरह खड़ा
दोनों तरफ़ मुँह --शान्तचित्त, सच्चिदानंद
आत्मा की प्रतीक्षा में
देह के धनुष को उल्टा टाँगे
हवा में।

और वह लड़की, उसने
हार कर कहा -- जा तेरी इच्छा पूरी हो।
प्रेम को तिलांजलि देते हुए
उसने अनेक अहिंसक क़िस्से सुनाये किसी वृन्दावन के
जिनकी प्रखर हिंसा में
कभी वह जली थी।

मुक्तिबोध वहाँ थे जहाँ क़िस्से थे
पीछे गुप्तचर और जेल की दीवार
और लहरें लेता रेगिस्तान
जिसमें झाँसे की तरह एक
रोशनदान बैठा था।
इस दृश्य की निरर्थकता से बाहर
वह चौकन्ना सरदार
जिसने कहा -
कई स्त्रियों से एक साथ प्रेम सम्भव है।

चारों ओर हाहाकार और मृत्यु

और अफ्रिकन बच्चों की पसलियाँ चबाती हवा
हवा में कृष्णवर्ण–कृशकाय स्त्रियों के झूलते स्तन
स्तनों से चिपके हुए मरे शिशु
सामूहिक क़ब्रों से झाँकते नरमुंड
नरमुण्ड की चमकती आँखों में
ग्लुकोमा के अन्धे प्रेमाख्यान
यही था सब कुछ का अन्त।

वाह रे इक्कीसवीं सदी के बाघ के बाप!
जहाँ धरती की गन्ध सुनहले आकाश में अँटकी
भयावह विस्फोटकों के साथ
जहाँ एक हत्यारे को जीवित करने के धन्धे में
ज्योतिषी वैज्ञानिक–– सब परेशान
जहाँ शावेज़, फ़िदेल कॉस्त्रो से कह रहा
'वे हमें मारेंगे ज़रूर'
और दोनों हँसते हैं

सत्य की निन्दा मत करो हरामी कवि
बनो मत, बातों को ओट मत दो
प्रेम पर बहस सदा सम्भव है
जैसे कि हत्या पर
जैसे कि उस लड़की पर
जिसने कहा, 'मुझे लो, मुझे लो
मुझे लो....'
एक आहत स्वर की हत्या का सुराग़
जब नहीं मिला
वहीं से सम्भव हुआ प्रेम।

❑

ईश्वर : एक खुदरा व्यापार

चेतना में धूल और आत्मा का कहीं नामोनिशान नहीं
और प्रज्ञा में अन्धड़
और बुद्धि में मंगल ग्रह के पहाड़
सब कुछ के उलट-पुलट में बैठा ठिठुरा हुआ आदमी
जैसे शालवन में महापरिनिर्वाण।
धरती पर घिसटती एक औरत का चीत्कार
जिसने बुद्ध से माँगा अपना अधिकार।

'संघ में स्त्रियों को भर्ती मत करो आनंद
भविष्य में अशोक के पास यदि होगा कलिंग
तो गोपीनाथों के पास अनंत विस्फोटक लिंग
आत्मा नहीं है। और
ईश्वर एक खुदरा व्यापार।'

❑

कहाँ जाऊँ

अब मैं कहाँ जाऊँ चैन
जब तुम्हीं हो बेचैन।
जब दुनिया एक U टर्न लेने को तैयार
जब मेरी भाषा का संहार एक बौना भी कर सकता
जब मेरी आत्मा में घुन और दीमक दायें और बायें
आकाश की सुनहरी अयालों के पास वह स्त्री
जब प्रेम एक दढ़ियल मक्कार
जब सूरज की ओट में लटका वह 'साँझ का पत्थर'
जो टूटेगा नहीं, लेकिन डर है
कि टूटेगा।
व्यास के किनारे हरहराते हथकरघे पर बैठी वह लड़की
रंग-बिरंगे ताने-बाने में उलझी, आत्मा में
बर्फ़। रोटी है गोपीनाथ की बाँसुरी और बस
और घोटुल की क्रान्ति।

नीचे जो घाटी है
उसमें हरियाली घटाटोप
वहाँ प्रेम लाठी पर झुका
टहल रहा।

❑

तुम्हीं हो

जो निराकार है उसी पर बहस
उसी पर बौद्धिक व्यायाम निछावर
उसी में बैठा वीर्य का पुतला
वह आत्मानंद सच्चिदानंद।
बाहर ठण्डी एक रात, नींद का घनघोर
परिताप। स्त्री के नितम्बों को चाटती
एक खुरदरी जीभ। ख़ून के स्वाद में
चिता की राख। चाँदी के बदन में किरकिर
और नरक में क्रान्ति।

तुम्हीं हो जिसने पहचाना नहीं
तुम्हीं हो सुअर के थूथन-पहाड़
तुम्हीं हो पार्वती के हन्ता
तुम्हीं हो शब्दों में अलंकार
रात के मंद-मंद सूरज
और दिन के अंधकार
कैंसर के पिंड में बैठे
तुम्हीं हो मृत्यु के निराकार
एक उल्टी लटकी हुई जीभ
कंठ के भीतर
आँतों में फोड़े की तरह दुखती तुम्हीं हो
सुनंदना। योनि-रहित राधा
पत्थर के दो पाटों बीच
एक रति
एक हत्या-निनाद।

❑

शिवमूर्ति

वह बस कहाँ रुकी
जिसमें तुम बैठे थे सत्यवादी हरिश्चन्द्र
शिवमूर्ति। अपनी पवित्र हँसी में सच को
बेलाग बोलते हुए कभी-कभी।
मौत के गर्भ में जाकर लौटे हुए मित्र
सच्चरित्र आख्यान के पाखण्ड
नरक में स्वर्ग के रचयिता
निर्मम अपराध के स्वांग में सोये हुए महाप्राण!
साधु। तीर्थ। शब्द के परिताप। चिखौने की धुंध
में बलात्कार के रोगी!
एक नदी-कंठ के भीतर कैंसर-राग।

जीवित हो तुम
सभी आख्यानों से ऊपर
बहस से बाहर
लोमश ऋषि!
सिक्के की ठनठन पर बजते हुए आँसू
धरती की अनजानी प्रजाति।
पुस्तकालय में चीते का बच्चा
किताबों के स्वर्णकीट
आरपार।

❑

प्रजाकाम

'क्यों ले आये मुझे तुम यहाँ
इतना अँधेरा है! इस खँडहर में
कभी कोई आया – इस तरह
दुस्साहस है यह! कुछ नहीं सुनते तुम।
बुख़ार चढ़ जाता है तुम्हें। उल्टा-पुल्टा
करते हो सब कुछ। कब तुम्हें आयेगी अक्ल
बाहर झाड़ियों में छिपे हैं लोग
घिर गये हैं हम, और तुम हो कि तुम्हारे पास
नेलकटर भी नहीं
क्या होगा, क्या होगा
बहुत डर लगता है मुझे।
पहले ही कहती थी मैं
इस तरह पागल मत बनो
लेकिन तुम .... लेकिन

वे तुम्हें मार देंगे
और मुझे भी बाद में
इस तरह ओफ़्
तुम क्या हो!

मुझे छिपा दो कहीं
उस तरह मरने के पहले
तुम्हीं मुझे मार दो

इस तरह यहाँ कोई आता है
जहाँ अब कोई नहीं आता?'

'कुछ नहीं होगा
ईश्वर है', उसने कहा
कवि ने आवारे ने
उस खँडहर ने खँडहर से कहा
उस स्थपति ने नये स्थपति को
गर्भ में रखते हुए कहा–
'कुछ नहीं होगा।'

❑

आर्मागेड्डान

मैंने त्याग दिया वह क्षणिक क्षण
जो पूरी उम्र हो सकता था।
अब एक स्मृति है जो लौट नहीं सकती
अब मैं अचाहत के डिब्बे में लेटा हूँ
अब मैं शब्द का अंधकार
जेत-वन में नंगे भिक्षुओं का विहार
अब मैं ऋषिकेश, हरद्वार
अब मैं पैठण
अब मैं आर्मगिडॉन
रोहतांग- मुर्दों का मैदान
स्वर्गारोहण।
अब मैं चँपा हुआ तिब्बत
अब मैं सन्नाटे की परिभाषा
कुत्ते की आँख
अब मैं दुरदुर
रैबीज़ की सड़ी हुई गाँठ।

कहाँ जाते लोग
जो जीवन को नहीं जानते
क्या उसी बस में
जो मिस हो गयी मुक्तिबोध से
कहाँ है वह स्त्री जो प्रेम का विलाप है
कहाँ है वह अन्न जो अकाल है
कहाँ है ज़मीन की वह मुर्दा सीमा
जिसके दोनों ओर तोपें तनी हैं
स्त्रियों और बच्चों पर भूख का आक्रमण

और आँतों में तोप के गोलों की आहट
गोलियों की धूल, और
जिगर में प्रेम का नायक
झरता हुआ मृत्यु का अंधाधुंध।
उसे मैंने देखा और देखा
और देखा, प्रेम के त्रिदंडी को
एक अंधे संन्यासी की तरह
पाप कुंड में आधा डूबा
डाल से लटकी आत्महत्या
उसे मैंने देखा
मजनूँ की तरह!

❑

रति असंतुष्ट

हवा में थमी
एक ख़ूनी तलवार लटकी है
ख़ून की बूँदें टपाटप। तलवार की धार में
सूरज का बिम्ब। ठीक रीढ़ से दो टुकड़े
जरासंध जैसे। और सारी दुनिया
'खूँ-बहा' देती हुई।

कहाँ है वह जो हत्यारा है, किसकी मूठ से
छूटी तलवार है यह – एक मिसाइल चाँद पर रंगीन
एक धुरंधर अँधेरा। प्रेम की बहस में कहाँ
तुम लुप्त हुईं
मुझे इस तरह अकेला छोड़कर

दिल है कि टूटी तलवार की धार
ख़ून है कि हँसी के आँसू
बहसतलब मृत्यु है कि सिग्रेट का धुआँ
अर्थ है कि शब्द। पहले मैं हूँ कि तुम
कि देवत्व का दिया – बुझा हुआ
कि तुम हो वशंवद प्रियंवद
कि तुम हो आभार
कि तुम हो रोती हुई रति
असंतुष्ट।

❑

धृतराष्ट्र और कुंती

उस वन में जब आग लगी
जंगल दहकने लगा
तभी धृतराष्ट्र ने पुकारा
कहाँ हो तुम? कहाँ हो तुम दोनों
मैंने पाण्डु का वध किया अन्धी आँखों से
कुंती, तुम्हारे लिए।

कहाँ हो गांधारी,
तुम्हारे अंधे पातिव्रत्य का
कोई अर्थ नहीं।

राज्य था कुंती के आगे निरर्थ
स्पर्श है प्रेम
अंधा है वीर्य संगीत
दुःख का मौन
और तहस-नहस सूरज।

कुछ नहीं सूझता गांधारी!
कहाँ हो तुम
अपनी आँखों की पट्टी खोल दो
और सच को देखो-
जिसे मैंने छुआ तक नहीं।

प्रेम का दहन अब शुरू है।

□

पिता

हमने तय किया
हम चढ़ जायेंगे बर्फ़ की उन तिकोनी
बर्छी की तरह चमकती चोटियों पर
और वहीं एक दूसरे से लिपटकर छलाँग लगायेंगे

नीचे, अतल में।

तय हो गया सब कुछ।

तभी उसने कहा, 'नहीं, अभी नहीं
अभी मेरे पिता जीवित हैं
और मेरे सहारे हैं।'

❑

अफ़गन-ए-इश्क

शब्द के बाहर भी शब्द का मरण है
शब्द के भीतर भी शब्द नहीं
भाषा के बाहर भी भाषा की हत्या है
भाषा के भीतर भी भाषा नहीं।

प्रेम के भीतर भी प्रेम नहीं
ज़हर के प्याले में मृत्यु नहीं
उठो और जानो कि योनि के भीतर भी
योनि नहीं – मृत्यु
उठो कि देखो – कफ़न के भीतर
राजसत्ता। उठो, कि देखो, वह
कहाँ लुप्त हुई?
अपनी जुएँ उठाओ और केशों में रख लो
उठो प्रेम, दाढ़ के दर्द में उठो
रक्तचाप में। नरहरि में। अर्द्धविराम में अचानक
नरसंहार के बीच कहीं
मानव-बम के अन्तिम क्षणों में
वह, जो मैं छोड़ आया चीख़ने के लिए
उसी में उठो
'अफ़गन-ए-इश्क'
उन होठों की खातिर
बस। मरने के पहले
एक बार।

❑

कह नहीं सकता

नहीं कह सकता किसने मुझे प्यार किया
कब तक। और कहाँ तक। कौन-सी जगह थी
एक वीरान स्टेशन की वीरान बेंच
या बेंच के नीचे लेटा हुआ कुत्ता-इंसान
वह औरत जो रात भर अपने पाँव
मेरे पेट में डाले सोती या रोती रही
या वह थरथरी जो बर्फ़ की तरह
स्पर्श की हवा में बिलखती है

नहीं कह सकता
किसी ने प्यार किया भी या नहीं।
जहाँ कोई भाषा नहीं थी उसी जगह मैं लेटा था
जहाँ गर्म ग़रीब का पहरा था वहीं मेरा डेरा था
जहाँ दुर्गन्ध थी सितारों में
मेरी उदासी के बीच जहाँ सूरज उगा था
वहीं मैं था इंतज़ार में
नहीं बता सकता
किसको आना था
दुखों की घाटी से
दुखों की घाटी में
नहीं कह सकता।

वहाँ मेरे लोग नहीं थे
नहीं कह सकता
नदी एक मुर्दा खोपड़ी में
ढाल बनाती थी क्यों

नहीं कह सकता।
किसे मैंने देखा
प्यार की दुनिया में
आँखे खोलते वक्त
पहली बार – नहीं कह सकता

मैं उल्टा पैदा हुआ
प्रेम की दुनिया में
कुछ नहीं कह सकता।

❑

फ़िदेल कास्त्रो : बूढ़े ईसामसीह

आओ बाज़ी लगायें
पहले कौन प्यार करेगा। मरने के पहले
एक बिजली के बल्ब में बैठकर
कौन किसे ऑन करेगा
दीवाना बनने के पहले
उसके दर्शन कौन करेगा
आओ, बाज़ी लगायें।

हारने ही वाले थे हम दोनों
कि हम दोनों जीत गये

हमने बूढ़े ईसा को देखा
हमने पूछा, 'कहाँ पैदा हुए थे तुम?'
उन्होंने बोरे में अस्थियाँ पीठ पर लादी थीं
'चुम्बन एक ज़हर है', उन्होंने कहा
'वह मंदिर कहाँ है, जहाँ तुम तोड़-फोड़ करोगे?'
'हर जगह!' हड्डियों के ढाँचे ने कहा
'क्या तुम्हीं फ़िदेल कॉस्त्रो हो?'
उन्होंने पीठ से बोरा उतारा और रख दिया
मरियम थीं वहाँ – हड्डियों में रुदन था
घास के हरे अँखुए थे
वहाँ बोरे में तीसरे पहर की रात थी
एक मुर्गे की बाँग में।
वहाँ दोनों ओर समुद्र था
वहाँ सागर की रेती में गेहूँ की फ़सलें थीं

वहाँ किशोर मानव-बम थे
वहाँ क्रॉस पर ऐंठे-चरमराये हुए ईसा थे

कोई था जो हाथ धोने से इन्कार कर रहा था-
जनरल सैम, जनरल ठक्कू
जनरल मादाम - जनरल प्रेम।

❑

चलूँगा

तुम्हारे भीतर से बोलूँगा तो कभी नहीं बोलूँगा
अपने भीतर से बोलूँगा तो कभी नहीं बोलूँगा
किसी के भीतर से बोलूँगा तो कभी नहीं बोलूँगा।

अब मैं बोलता भी रहूँगा तो कभी नहीं बोलूँगा
अब मैं चुप भी रहूँगा तो कोई भेद नहीं खोलूँगा
दुनियाँ में रहूँगा तो कहीं नहीं रहूँगा
दुख को गाऊँगा कभी नहीं रोऊँगा
जब कभी रोऊँगा तो सड़क पर खोऊँगा।

तुम भी ले चलोगे तो वहीं-वहीं चलूँगा
सभी मुझे छोड़ेंगे तो सबके साथ रहूँगा
अमर मैं रहूँगा तो बार-बार मरूँगा।

चलूँगा चलूँगा
तुम्हारे साथ
चलूँगा।

❑

बेहतर हो

बेहतर हो कि हम कभी नहीं मिलें
हम जो दुश्मन थे आख़िरकार
बेहतर हो कि हम चलते रहें जीवन-भर
साथ-साथ। कभी समानान्तर। रात भर।
कभी नहीं छुएँ हम ओस की बूँद
आखों में बार-बार झूलती फफूँद
बेहतर हो, जियो तुम
मरूँ मैं। दुनिया की नंगी यात्रा में
कथा के पहले और अनकहे के अन्त में
बेहतर हो दिन हो
और रात - वह तुम हो।

बेहतर हो जहाँ तुम गिरो
वहीं मैं उठूँ। अधर्म, अनिश्चय
अनिर्णय का श्वान मेरे साथ हो।

बेहतर हो कि तुमसे प्यार का हासिल
हो नरक-भार। बेहतर हो कि
यही बस हो
मेरा अगला संसार।

मैं जिसने भूलकर भी कभी
तुम्हें याद नहीं किया।
बेहतर यही हो कि सब कुछ वह हो
जो न हो।

❑

सो जाओ प्रगल्भ प्यार

दवा की दूकान में रात
अस्पताल में चाँदनी
दरवाज़ा बाहर से बन्द
और अन्दर बेहोशी
नर्सों की हँसी गुंजार
गालियारे में लिवर का टुकड़ा
उल्टी में पड़ा
होश की चमक मुर्झायी है
रात अय्याशी। दुर्दिन शराब
और दहकते कोयले में आँख
सब कुछ तबाह तुम्हारे बिना।
होठों पर घाव हैं तपस्या के
जीवन पंचाग्नि के भीतर है
प्रभास तीर्थ। कंचन बुढ़ौती में
झुकी हुई राधा है
मेघवर्ण जमुना में कच्छप ऋषि
वमन का भोजन रासलीला है।

कोई नहीं जानता
कहाँ हैं महाप्रभु
वल्लभाचार्य।

सो जाओ प्रगल्भ प्यार
अपने अवसान में
यहीं
गलियारे में।

❑

आत्मा में

आत्मा में धुंध और धूल और फफूँद
आत्मा में काल बैसाखी। आत्मा में अंधड़। प्रकोप।
आत्मा में साठ लाख वर्षों का अँधेरा। धृतराष्ट्र।
आत्मा में त्रिनेत्र। आत्मा में अशिव।
ईश्वर की बासी दुर्गन्ध।
आत्मा में आत्मा का महाभोज।
आत्मा में किरन। आत्मा में लेज़र ऑपरेशन।
आत्मा में बलात्कार। आत्मा में उठता निर्द्वन्द्व।
आत्मा में प्रातः चीत्कार। विसर्जन
आत्मा में कुम्भ। मरी हुई नदी सरस्वती।
आत्मा में सुघड़ देह।
चन्द्रमा का पाप।
आत्मा में युवा जरत्कारु
आत्मा में मूषक-बिडाल
आत्मा में स्त्रियों का रुदन। हत्याओं की होड़।
अपराध। आत्मा में नरक-कुंड। काँटों का ताज।
पछतावे की बलि। अहंकार।
आत्मा में पवित्र प्रेम।
आत्मा में सुनंदना। प्यार का दुर्दिन
लहराता हुआ श्वेत-केश बन्धु निर्विकार
आत्मा में खूँखार।
आत्मा विजय मोहन। अनिर्वाण मृत्यु
आत्मा में निर्दुःख सखा-शोक।
आत्मा में रेत और रेतस।
आत्मा में नहीं कुछ
आत्मा में धन्य-धन्य।

प्रेम पुरुष आत्मा में गन्ध पुरुष
अन्तिम पुरुषार्थ–पुरुष
हिम पुरुष आत्मा में
आत्म पुरुष–आत्मा में
दीर्घ कलुष। परुष–पाषाण–पुरुष
निर्वसन ययाति पुरुष
तरुण धनुष आत्मा में
जागो हे नष्ट
नहुष!

❑

वध

जहाँ कोई सम्बन्ध नहीं
वहीं सब बन्धन हैं
शब्द और शब्द के बीच जो अंधा गलियारा है
वहीं-वहीं सच है।
होठों और होठों के बीच जहाँ सघन उपहास है
आँखों के बीच जहाँ टाँके हैं
कहन जहाँ उलझन में डाल दे
सचमुच वहीं पर भविष्य है।

गालियाँ हैं बहार जाकर, भीतर आकर चुप है
शालीन समझौता है। नींद में बड़बड़ अश्लील
जहाँ आधी रात जलन है गुप्तांगों में
उसी के बाहर वह निर्जन में खड़ा है भौंचक।

क्या किया मैंने जो इतना अकेला किया
क्यों हँसे लोग
क्यों हुआ मेरा उपहास
क्यों दिया मुझको निर्वासन
क्यों दिया मुझको वनवास
जो जिसने नहीं कहा वही तो उठाया मैंने
जो जहाँ नहीं गया वहीं तो गया मैं
जहाँ जो नहीं था वही तो देखा
और देखा तो जो जहाँ था
वह वहाँ नहीं था।
यह था कौन-सा गुनाह।

जहाँ से अलग हुआ वहीं से मिला तिरस्कार
क्यों मेरा वध हुआ इतना निर्विकार
क्यों हुआ
ऐसा फिर
क्यों हुआ?

❑

बार-बार प्यार

दमन में नमन। निर्गमन में गमन।
शमन में रमण। प्रवाह में कराह।
कल में आज-निर्व्याज।
घोर में अघोर। अर्थ में अनर्थ।
शब्द में अशब्द। अभाव में स्वभाव।
दक्षिण में उत्तर-अनुत्तर।
हँसी में रुदन और फँसी में घुटन
सत्य में असत्य - अनिर्वार।
बार-बार
प्यार।

❑

उस बच्ची के लिए

दुख उस बच्ची की तलाश में

एक नन्हीं–सी बच्ची जो कविता के जंगल में भटक रही
कविता को पाने के लिए
वह क्या जानती कविता दुखों के संसार से बाहर है
बाहर हैं दुःख कविता से – बाहर, अनन्त दूरियाँ बनाये हुए
चलती है नन्हीं–सी बच्ची कविता की ओर, और कविता दुखों की
ओर, और दुख उस बच्ची की तलाश में।

यह खेल है अनन्त
जिसमें डगर–मगर तुतलाती फिरती है तू
और शब्दों के रत्न–गर्भ ढूँढ़ती है
जैसे तू सबकी आँखें बचा मिट्टी और चूने से लिपी
दीवाल चाट रही

अभी और भी खेल जीवन में तेरे
अभी तू चकित हिरनी की तरह
जंगल सुनसान–सन्नाटा
अभी समय नहीं आया पछताने का
अपने किये को भूलने और भूलने का
अपने से छुटकारा पाने की छटपटाहट का
समय अभी नहीं आया।
अभी तू ख़ुश है
और तू है
अभी तू आहट है जीवन की
अभी तू अपनी परछाईं है
अभी तू निर्जन है

अभी तू सृष्टि की साँवली धरोहर है।

ख़ुश रह
और पा ले वह सब कुछ
जो तेरा है
नहीं है।

❑

वे नहीं आयेंगे

अब वे नहीं आयेंगे
पहले लगता था - आयेंगे।
लौटेंगे तो शिकायत करेंगे - तुमने यह
नहीं किया - वह नहीं किया
तुमने बुरा किया - ग़लत किया
पछताने भी नहीं देंगे वे - भारी-भरकम आरोप-पत्र
सही और ग़लत - सब दीन-हीन व्याकुल
देखेंगे मुझे और मैं चुप।

जो तुम्हें कहना हो कहो
लेकिन लौट जाओ।

❑

अँधेरे को देखता हूँ

जब तुम्हें देखता हूँ शब्दों के आसपास
जैसे अपने बिल्कुल पास देखता हूँ
एक दीवार हूँ मैं
जिसके बाहर सन्नाटा
और भीतर अँधेरा
अँधेरे में चुपचाप
अँधेरे को देखता हूँ

कभी खेलो यह नया खेल
सब खेलों से बेहतर और
लगभग नाकाम।

❑

साधिकार

जब शुरू हुआ जीवन
तब जीवन नहीं था
जब अन्त हुआ उसका
वह है – वह है
साधिकार।

जब तक जानोगी यह सब
कोई चला जायेगा तुम्हें छोड़
तुम्हें छोड़
बचपन के निर्जन में
तुम लौट नहीं सकतीं।

तब भी तुम
ख़ुश रहना।

❑

इच्छा मृत्यु

आकाशगंगाओं के ऊपर आकाशगंगाएँ
नीचे गांगेय। – नीचे
धरती विराट अंधकार में गुम

सूर्य दक्षिणायन है
अभी।

❑

बारिश

फूस की छाजन पर बारिश की आवाज़ नहीं आती थी
आती थी बाँस की पत्तियों पर, पेड़ों पर, धरती पर
आती थी हवा पर छरर छरर घने सन्नाटे में
दक्खिन के गाँवों को मलमल पहनाती पुरानी पिपरपाँती
को गुम करती गंगा की रेती के पार से
झाऊ के बनों में दुबकती, सर्राटे के साथ फिर नदी के ऊपर
छम्-छम् नाचती हुई आती थी गाँवों में कीचड़-काँदो फैलाती

ढहते थे मिट्टी के घर दरकती दीवारें
झुकती बँड़ेर दबककर गिरने-गिरने को होती
सरपत की छाजन। आधी रात को उठकर भागते हम
अँधेरे मैदान में बारिश के भीतर

नहीं, कुछ नहीं बदला है
अभी भी वहीं हूँ - उसी तरह
उसी तरह
मैं ही हूँ तथ्य की तरह प्रमाण की तरह
मजबूरी की तरह बचने की कोशिश में
नंग-धड़ंग।

फ़र्क सिर्फ़ इतना है
जानता हूँ क्यों नहीं
कुछ नहीं बदला है!

❑

सोचो

अँधेरे में क्या सोचती हो तुम
क्या नींद के बारे में सोचती हो कभी
अगर कुछ न करने को हो तो तुम क्या करोगी –
कभी सोचती हो? जो आकर भी नहीं आयेगा
जो सिर्फ़ चला जायेगा, कभी नहीं जायेगा जो
जो भरमायेगा तुम्हें और हँसेगा तुम्हारे भीतर
सोचती हो उसके बारे में कभी तुम?

उन जगहों के बारे में सोचो जो कहीं नहीं हैं
उनके भूगोल के बारे में सोचो
एक पहाड़ के बारे में सोचो जो पृथ्वी के गर्भ में है
उस झरने के बारे में जो उसके भीतर है
उस मछली के बारे में जो पत्थरों पर बार-बार फिसलती है
उस लावा के बारे में जो मेरे भीतर
वह ज्वालामुखी जो तुम्हारे मन के आकाश में।

फिर सो जाओ नींद जो मुझे नहीं आती
फिर जागो उस भोर में जब कोहरा हो, ठण्ड हो
फिर अलसाओ उस दुनिया में जो कभी नहीं थकती
फिर हँसो उस आइने में जिसमें तुम झाँक सको
आइनों से बाहर।

कहते हैं – इसी तरह
बनती है कविता
ओ, मेरी नन्हीं
कविता!

❑

जहाँ गया

जहाँ गया वहाँ सब कुछ था
सबसे अधिक कोलाहल
सबसे अधिक प्रसन्नचित्त
सबसे अधिक प्रणय
सबसे अधिक अदृश्य दुख
सबसे अधिक अनुपस्थिति
सबसे अधिक कमीनपन
वहाँ राजा राजा थे राजा के पीछे
धर्म-धर्म कर्म-कर्म - धरम और करम के पीछे
कुकरम और अधरम के आगे सब गुरुदेव
जो अब नहीं थे - खाली थी शान्ति
निकेतन की खोज में - निर्गन्ध।

जहाँ गया वहाँ जाना था वहाँ से
कहीं और - उस ओर
जिसका छोर
बस ग़ायब-सा।

किससे कहता
नहीं गया।

❑

शर्त

जब हम पार करेंगे भौसागर
तो उस नाव का क्या होगा
क्या हम छोड़ देंगे उसे यों ही बहते चले जाने के लिए
या कोई बैठकर फिर उल्टे पार जायेगा
जीवन की ओर

अगर बहुत सारे लोग हों उस पर और अगर
उसकी पेंदी में छेद हो जाय और अगर
वह लेने लगे भाँवरें बीच मझधार और अगर
डूब जाय। फिर
फिर क्या होगा
किसको होगी ख़बर कि कहाँ डूबी नाव
और कौन पहुँचा तैरकर किनारे पर सही-सलामत

और कोई तैरकर पीछे लौट जाय अगर
या सिर्फ़ आगे ... आगे

जिधर भी लौटे, चाहे जीवन के इस पार
उस पार
सारे पाप क्षमा करे जायेंगे उसके
क्योंकि वह बचकर निकल आया – जीवित
चाहे
जहाँ
कहीं।

❑

असम्भव की एक उक्ति

तुम्हारे भीतर कोई दुख घर न बनाये
मेरे भीतर कोई सुख।

मैं सिर्फ़ हँसूँ
तुम रहो उदास।

तुम्हें सारी दुनिया नसीब हो
मुझे वह बचपन की नदी।

तुम उजाले की ओर जाओ
मैं चकाचौंध की ओर।

तुम राहत की साँस लो
मैं निस्पन्द।

तुम थक जाओ
मुझे मिले आराम।

तुम्हें नींद आये
मेरी तारों की गिनती पूरी हो।

तुम धरती की ओर देखो
मैं आकाश की ओर।

तुम उधर चली जाओ
मैं रुका रहूँ आहट लेने।

यह सब ऐसे हो
जैसे ऐसा ही होता हो।

❑

वह कवि था

(कवि राम बहादुर सिंह 'मुक्त' के लिये)

उस आदमी को जानती हो जो रात को बेड़ियाँ पहने घर आया
गर्मी की रात और बाहर सोये लोग डर गये
कि वह कोई भागा हुआ क़ैदी या कोई पागल।
न वह क़ैदी न वह पागल
वह कवि था।

स्टेशन से घर आने में उसे दो घंटे लगे
जंज़ीरें रात के सन्नाटे में बजतीं दूर तक
सड़क की पटरियों पर सोये लोग उस झुन-झुन ढुन-ढुन
से चौंक-चौंक उठकर बैठ गये
घावों पर पड़ती लोहे के कुंडों की रगड़
और कवि था कि भागना चाहता था छुट्टे बिगड़ैल साँड़ की तरह
कवि था कि हाथों में बुलवल्कर लिए हुए
कवि था कि हँसता था कभी-कभी सहमता
खोजता उठ-बैठे लोगों की आँखों में ऐसा कुछ
जो कहे रुकने को
और कवि था कि वाङ्मय अपरम्पार
और कवि था कि पाप-बोध
कवि था कि लांछन
समाज पर।

मैंने वेदव्यास से पूछा
मैं तुमसे पूछ रहा
कल भी लोगों से पूछूँगा
लगातार।

❑

समय

नहीं, अभी समय नहीं है
समय है लेकिन नहीं है!

अभी मजलूम है समय
तार-तार जर्जर है
नज़रें उठाने की फ़ुर्सत नहीं
अभी सितारों में जड़ा समय समय
अभी बेआवाज़ है दुनिया में बहुत सारा समय
अभी मौन की विरासत।

कोई इधर आये तो कहें
लेकिन कौन आये
अभी समय बुदबुद
कहीं सन्नाटा तो कहीं चीत्कार
कहीं गर्जन-तर्जन तो कहीं सिर्फ़
कहीं सिर्फ़ हम-तुम
निराकार।

फ़ुर्सत दौड़ती मुँह बाये
अँगड़ाई है भागमभाग
स्वगत संवाद
फ़रियाद जनान्तिक
बेपर की उड़ान है दुनिया
ख़बर है क्रौंच-वध
दुर्लभ वाल्मीकि
कठिन रामायण

और दुर्दिन अयोध्या
अभी समय कहाँ है!
अभी समय है बेवफ़ाई का
अभी समय है कृतघ्न-कृपालुओं का
अभी चुग़लखोरों का समय है
अभी समय है पूर्णकालिक दलालों का
अभी शौकीनों के शोक का समय।

राह तको
आयेगा वह जो तुमसे कहेगा
नहीं, समय है
समय।

❑

सपने में

सपने में मैंने एक सड़क पार की
आमों का अँधेरा बगीचा फिर सूखी हुई नदी
बँसवारियों के जंगल। पीपल के घने वन
सपने में पार किया सपना।

दुःस्वप्न के खँडहर थे इधर-उधर
माँ जिस जगह से उठकर गयी थी कुँएँ की जगत पर
पिता सन् बयालिस की ओर
वहाँ ज्वर था। बढ़ा हुआ जिगर। अतिसार।
गँदला जल। जोंकें। रात।
जघन्य वहाँ सब कुछ। ख़ून में सना हुआ भात।
प्रान्तर में प्रात। तरकश से निकलकर भागा हुआ तीर
वृहदारण्यक से बाहर ओंकारानन्द
वहाँ सब कुछ नष्ट-भ्रष्ट चिरनूतन
चिरपरिचित भग्नावशेष...

'मुझसे दूरियाँ बनाये रखो
कौन है
कौन?'

❑

निशाने पर

धीरे धीरे तुम चलकर आये निशाने पर
जहाँ से अचूक तुम्हें वेधा जा सकता।
इसी तरह आये तुम उसके संन्निकटतम
विरक्त और व्यर्थ और सब कुछ गँवाए हुए ख़ाली हाथ
तुम्हारी तलवार की मूँठ टूटी थी। वह पड़ी रही म्यान में
विगलित गलदश्रु सुभाषित की तरह

कवि ही होता है सबसे घातक और नरम और घुलमिलकर
बह जाने वाला। नदी उसे कहाँ ले जायेगी! छोड़ेगी! खिलेंगे
कौन से फूल! सुगन्धियाँ किधर को बहेंगी!
कवि से ही होती अचूक चूक
कवि ही होता अपने सच का मारा हुआ
कवि ही होता है परम अन्त
मृत्यु का सुखद दुर्भाग्य
आता है चलकर निशाने पर।

कहकर धीरे से खिसक जाओगे तुम
तुम्हारी पोल
खुल जायेगी
अभी
इसी वक्त
कोई हँसेगा तुम पर।

❑

नयी शताब्दी की शुरुआत पर

खेल

एक दिया बुझ रहा
कहीं खेल ख़त्म हो रहा

कोई बच्चा अँधेरे में करवट बदल रहा।

❑

पूर्वज

तब वह कौन बैठा था – अंतिम रात्रि के ठंडे अँधेरे में
घुटनों पर चादर डाले
और कैसी भयावह प्रशांति
अँधेरे का होना भी सुनाई पड़ता था।

अब कितना समर्थ उजाला
शोर – सौ वर्षों बाद!

❑

सुधीर

तुम्हारे लिए कुछ नहीं किया
सिर्फ़ तुम्हें थोड़ा-सा शांत बनाया
थोड़ा उदास। थोड़ा इंतजार किया मैंने
तुम्हारे लिए
अंतिम कालरात्रि
और पहले सवेरे के
पहले।

❑

निर्मल

उसे मैंने बहुत दुख दिये
बहुत सी शिकायतें
बहुत से अपराध उसकी छाया में किये
बहुत सारे नरक जो पुराणों में नहीं थे।

मैंने कहा, छोड़ दो, अंतिम पड़ाव है।
उसने अपनी उसी लुगरी को छाती में दबाये
नदी पार की।

वह शायद ख़ुश है।
और जो होते, वह
क्या होते हम?

❑

आओ

आओ, और देखो मैं कहाँ हूँ
नींद के बिना इस छोर पर
शब्दों का खेल अकड़ती उँगलियों में फँसाये
काश, यह बुढ़ापा पूरी शताब्दी तक चलता
और मैं मनमाफ़िक खेल सकता!

❑

चाहतें

कभी नहीं चाहता कि आगे कुछ घटित हो–
कोई बुरी ख़बर मिले
कोई बूढ़ा हो
कहीं फूल मुरझाये।

इन असम्भव चाहतों को छोड़
आगे जाता हूँ।

❑

सुख

अपने बेटे के दो बेटों के साथ
मैं पिछली शताब्दी को पार करता हुआ
नयी शताब्दी में आया।

सब सुख
मृत्यु भी अमर।

❑

उक्ति

एक घर को कई पीढ़ियों तक धीरे धीरे
बनाना चाहिए।
जल्दी बनाने पर लुत्फ़ नहीं रहता
जल्दी बनाने पर जल्दी बिगड़ता है
एक घर को बनाने में कई पीढ़ियों को लगना चाहिए
मजदूरों की तरह
भरपूर नींद लेकर
और कम खाकर।

उजड़ते हुए संसार में उजड़ जाओ
बसने के लिए।

❑

छोटा बेटा

वह कहाँ सोया होगा अपनी साँस के अँधेरे में
कब वह सोया होगा सोचना छोड़ कर
चश्मा उतारते हुए
वह कब गिरा होगा
बिस्तर में

उसके पैदा होने की चीख
मेरी त्वचा में बंद है।

वह कब आयेगा मेरे सिरहाने
कि उसे ताकते-ताकते मेरी आँखें बंद हो जाएँ
और वह ग़ुस्सा हो जाए
कि मैं सदा के लिए सुन नहीं रहा उसे।

❑

सद्धर्म

तुम्हारी भी कोई नहीं सुनेगा
जीना एक ऐसी महामारी है।
बड़ी बातों का समय ख़त्म हुआ
अब सिर्फ़ अविष्कार अब सिर्फ़ आतंक।
कलरव के पीछे लगे रहो
मैं जो कहता हूँ वही सद्धर्म है।

❑

रचना-प्रक्रिया का अन्त

जब कथन समाप्त। जब कथा का अन्त। जब छटपट-छटपट
आनन्द का परम अवसान। जब नींद में गिरना अचानक
बेआवाज़। जब पतन। जब चेहरे तिरोहित। हरकतें बन्द
बेचैनी दिवंगत। जब परम सुख प्रवाहित सर्वत्र।
जब सुबह चकाचौंध इन्तज़ार। जब वे
चेहरे पहली बार। जब पुनः परिचित अरक्षित संसार।

लौटती है अधम विरक्ति धारासार
बचता है जीवित आत्मघात
साश्चर्य।

❑

१ जनवरी, २००१

अभी कुछ दिन और रहूँगा तुम्हारे साथ, तुम्हारी ख़बरों के साथ
अभी कुछ दिन और बूढ़ा और धूमिल होऊँगा
अभी इधर के उजाले को ओट देकर देखना पड़ेगा
अभी और इंतजार करना होगा, नफ़रत को झेलना
और ग़ुस्से को दबाने की कला सीखनी होगी।

अभी और धूल गिरेगी।
गोधूलि में उतरना होगा गुम होने।

ठंड से राहत का इंतजाम करना होगा
आग जलानी होगी
अभी और धीमे चलना होगा
एक छड़ी खरीदनी होगी
पुराने कपड़ों की गंध अभी और झेलनी होगी।

कुछ लोगों से कहना होगा, आपको पहचानता हूँ मैं थोड़ा-थोड़ा।
दुनिया से दुनिया का अर्थ पूछना पड़ेगा
श्रीकांत वर्मा से बात करनी होगी।

ठस और ठगों को रिझाना होगा
दोस्त हूँ तुम्हारा मैं - दोस्त
कहना होगा। हँसी को छिपाना होगा
शायद बात बन जाए
शायद मरने से बच जाएँ

ईश्वर को जाँचना परखना होगा।
सारनाथ जाकर क्षमा प्रार्थना करनी होगी

धूप में सुखानी होगी कलम
स्याही की भिक्षा जरूरी होगी
भगवत् से कहना पड़ेगा सूकर मद्दव से बचे रहें
आनंद के अनुगमन से बचना होगा
कहीं जाना होगा, जहाँ कभी नहीं गये।

पत्नी से कहना होगा अपना ख्याल रखे
और खाँसी से बचे
और भरोसे के भरोसे मत रहे
भोलापन समेट ले और दरी बिछा ले
प्यास को मारे नहीं
और दिल्ली न जाय।

और इतना सब करने के लिये
एक उम्र का प्रबंध करना होगा
अभी से
कहीं से।

❑